Genuss-Radtouren

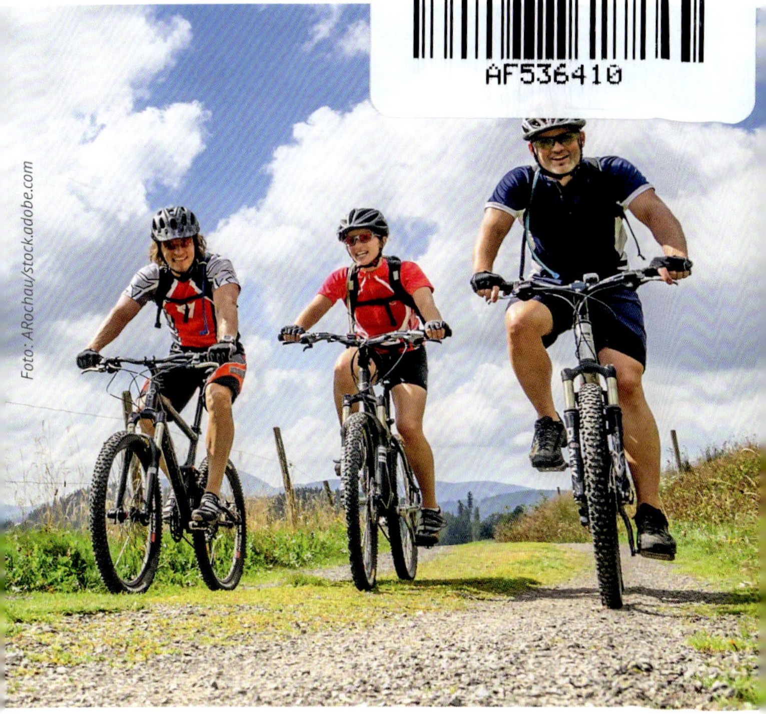

Radeln und Einkehren im Allgäu und Tannheimer Tal

von Björn Ahrndt

Vorwort

Radfahren heißt für mich in erster Linie: Landschaft genießen. Mal sportlich, mal entspannt. Und auf den Genuss zielt auch dieser Tourenführer ab. Neben der sportlichen Herausforderung haben alle Ziele in diesem Buch eines gemeinsam: Sie führen durch die herrliche Landschaft des Allgäus und des Tannheimer Tals, garantieren ein grandioses Panorama und haben immer eine oder mehrere Alpen als Ziel. Einige Touren sind für Mountainbikes geeignet, andere für Rennrad oder Gravelbikes und wiederum andere für Tourenräder.

Auf eine Einteilung der Touren nach »schwer, mittel oder leicht« habe ich bewusst verzichtet. Gerade bei Radtouren ist diese Bewertung je nach Können, Kondition, aber auch je nach verwendetem Fahrrad, sehr individuell. Stattdessen weise ich in den einzelnen Beschreibungen auf Besonderheiten wie steile Abfahrten oder Trails hin. Auch wenn die hier beschriebenen Routen teils viele Höhenmeter im Gepäck haben, so lassen sich fast alle auch verkürzen, ohne dabei ihren Genuss-Faktor zu verlieren.

Trotz sorgfältiger Recherche unterliegen die hier beschriebenen Wege und Strecken teilweise witterungsbedingten Änderungen. Auch temporäre Sperrungen von Wegabschnitten sind

Über den Autor

Der gebürtige Sonthofer Björn Ahrndt ist seit Kindesbeinen an in den Alpen unterwegs. Bergtouren, Skitouren und Klettersteige zählen ebenso zu seiner Leidenschaft wie Mountainbike- und Rennradtouren. In seinem Online-Magazin *www.bergparadiese.de* schreibt er seit vielen Jahren über seine Berg- und Radtouren im Alpenraum. Dieser Radtourenführer ist nach dem Buch »Wintererlebnis im Allgäu« und »Panoramatouren im Allgäu« zwischenzeitlich das dritte Buch des Autors, das im AVA-Agrar Verlag erschienen ist.

Hier geht's zu weiteren Touren

Foto: Lukas Pilz

nicht auszuschließen. Die Alpen und Hütten sind in der Regel von Mai bis Oktober geöffnet. Aber auch die Öffnungszeiten können je nach Witterung variieren. Jahreszeitlich begrenzte Sperrungen von Wegen aufgrund von Wildschutzmaßnahmen sind ebenfalls möglich.
Haben Sie aktuelle Informationen zu den beschriebenen Touren oder Fehler gefunden? Dann freue ich mich auf ein Feedback und über Hinweise zu dauerhaften Sperrungen oder Umleitungen per Mail an bergtouren@bergparadiese.de

Nun wünsche ich Ihnen viel Spaß beim Lesen, Inspirieren und Nachradeln. Und natürlich allzeit eine gute und sichere Fahrt!

Tourenverlauf

mithilfe unserer GPX-Daten downloaden –
So geht's:

Voraussetzung:
Eine Outdoor-App muss installiert sein, z.B. outdooractive oder kommot. Zum Einlesen des QR-Codes wird eine QR-Code-App benötigt (bei Apple-Geräten ist dies in der Kamera integriert).

Daten downloaden:
1. Den QR-Code einlesen und in der Tourenübersicht die jeweilige Tour zum Download anklicken.
2. Bei Apple-Geräten werden nun die Daten direkt mit der vorab installierten App verknüpft. Bei Android-Geräten muss ggf. noch ein Weiterleiten-Button geklickt werden.

Los geht's – viel Spaß!

Tourenüberblick

→	↑↓		
12,3 km	300 hm	2 Std.	✓
28,8 km	795 hm	4,5 Std.	✓
19,4 km	410 hm	2,5 Std.	✓
22,2 km	754 hm	3,5 Std.	✓
10,9 km	440 hm	2 Std.	✓
35,2 km	1000 hm	5 Std.	✓
21,8 km	720 hm	3,5 Std.	✓
14,7 km	520 hm	2 Std.	✓
15,7 km	551 hm	2 Std.	✓
50 km	1063 hm	4 Std.	✓
20,4 km	600 hm	3 Std.	✓
15,5 km	832 hm	3 Std.	✓
18 km	330 hm	1,5 Std.	✓
11,3 km	677 hm	3 Std.	✓
25 km	660 hm	2 Std.	✓
25 km	320 hm	1,5 Std.	✓
9,1 km	360 hm	1,5 Std.	✓
24,8 km	415 hm	2,5 Std.	✓
17,5 km	670 hm	2 Std.	✓
50,3 km	1650 hm	6 Std.	✓

Zeichenerklärung

 Ausgangspunkt

 Wegbeschaffenheit

 Einkehrmöglichkeit

 Naturbiken

● Rennrad

Sicherheitshinweis

Die Recherche und Dokumentation aller im Buch beschriebenen Radtouren sowie ergänzende Hinweise erfolgten nach bestem Wissen und Gewissen des Autors. Herausgeber und Autor übernehmen keinerlei Haftung und Gewähr für die Richtigkeit, Korrektheit und Vollständigkeit der Touren. Jeder, der eine der beschriebenen Touren durchführt, ist daher für die Routenauswahl, die Gefahrenbeurteilung, die Einschätzung der persönlichen Leistungsfähigkeit, für die Orientierung usw. selbst verantwortlich.

Das Befahren der Touren erfolgt immer auf eigene Gefahr. Örtliche Vorschriften, wie z.B. zeitlich begrenzte Zutrittsverbote sind in jedem Fall zu beachten, da sich die Gegebenheiten vor Ort durch Naturereignisse, Wegsperrungen u.a. geändert haben können.

Sicher unterwegs

Einige Dinge gehören zwingend ans Rad bzw. in den Rucksack, damit die Radtour zu einem sicheren Vergnügen wird.

- verkehrssicheres Fahrrad
- Fahrradhelm
- Tages-Radrucksack (ca. 20 Liter) mit Regenhülle
- bequeme Sport- oder Radschuhe
- witterungsangepasste und strapazierfähige Kleidung im Mehrschicht-Prinzip
- ggf. Radtrikot zum Wechseln
- Fahrradhandschuhe
- Luftpumpe, Fahrrad-Werkzeug, inklusive Schlauch zum Wechseln
- Sonnen- und Regenschutz
- Brotzeit und Trinkwasser
- Trinkflasche
- Erste-Hilfe-Set
- Taschenmesser
- Smartphone
- Kartenmaterial
- Geld für die Einkehr
- Fahrradschloss

Verhaltensregeln

Im Allgäu suchen viele Menschen Erholung und Naturgenuss. Sowohl die Landschaft als auch die Wege sind für alle da. Somit sind Begegnungen zwischen Wanderern und Radfahrern ebenso keine Seltenheit wie Begegnungen mit den Menschen, die diese herrliche Kulturlandschaft pflegen und erhalten. Um Konflikte zu vermeiden sowie um die Schönheit der Landschaft zu erhalten, sollten Sie einige einfache Regeln beachten.

1. Kontrolliert

Fahren Sie stets mit kontrollierter Geschwindigkeit und auf halbe Sicht, besonders bei Kurven, da jederzeit mit Hindernissen zu rechnen ist!

2. Gemeinsam

Nehmen Sie Rücksicht auf Wanderer und Fußgänger und überholen Sie nur im Schritttempo!

3. Sicher

Nehmen Sie Rücksicht auf den Schwierigkeitsgrad der Strecke und schätzen Sie Ihre Erfahrungen und Ihr Können als Biker genau ein! Tragen Sie zu Ihrer Sicherheit einen Helm und kontrollieren Sie Ihre Ausrüstung vor Antritt jeder Biketour (Bremsen, Klingel, Licht)!

4. Bewusst

Halten Sie sich an Absperrungen und akzeptieren Sie, dass einige Wege primär der land- und forstwirtschaftlichen Nutzung dienen. Schließen Sie die Weidegatter!

5. Naturverträglich

Nehmen Sie Rücksicht auf Natur und Wild, verlassen Sie die gekennzeichnete Route nicht. Verzichten Sie auf das Fahren abseits der geöffneten Wege.

6. Sauber

Hinterlassen Sie keine Abfälle!

Diese Regeln sind auch auf einigen der beschriebenen Touren auf Tafeln angebracht. Sie wurden unter anderem im Rahmen des Projekts »Naturbiken Allgäu/Tirol« entwickelt. Ziel dabei war es, nicht nur die Beschilderung auf diesen Strecken zu vereinheitlichen, sondern auch für einen respektvollen Umgang mit und nachhaltiges Verhalten in der Natur sowie zwischen den unterschiedlichen Nutzergruppen zu werben. Das gilt natürlich gleichermaßen für alle in diesem Buch beschriebenen Strecken.

Touren des Projekts »Naturbiken Allgäu/Tirol« sind im Inhaltsverzeichnis entsprechend gekennzeichnet (N). Mehr informationen zu dem Projekt und den Routen: ***www.allgaeu.de/draussen/rad/naturbiken***

1

Um den Hündlekopf

Die Buchenegger Wasserfälle zählen zu den schönsten Wasserfällen im Allgäu. Die Radtour bei Thalkirchdorf führt ganz nah an diesem Naturjuwel vorbei. Mit den zahlreichen Einkehrmöglichkeiten und den wunderschönen Wegabschnitten auf der Südseite des Hündlekopf warten aber noch weitere Highlights im Verlauf der Radtour.

Die Zufahrt in Richtung Ochsenschwandalpe erfolgt zunächst auf asphaltierten Nebenstraßen

2 Std. → 12,3 km ↑↓ 300 hm

Parkplatz an der Hündlebahn, kurz vor Oberstaufen

Die Tour verläuft zu ⅔ auf asphaltierten Wegen und Nebenstraßen. Der Rest ist geschottert, die Steigungen sind moderat.

Seppl's Gartenwirtschaft bei Buchenegg, Ochsenschwandalpe, zwischen den Wasserfällen (Getränke im Brunnen), Moosalpe, Demeteralpe Sonnhalde (über einen Abstecher) sowie an der Berg- und Talstation der Hündlebahn

Die Buchenegger Wasserfälle

Am Kreisverkehr bei der Hündlebahn beginnt diese Radtour. Die Tour führt zunächst auf einer wenig befahrenen Nebenstraße leicht bergauf in Richtung Hinteregg und weiter nach Buchenegg. Nach etwa zweieinhalb Kilometern biegen Sie vor der Marienkapelle rechts ab ❶. Sie fahren an einer Gartenwirtschaft vorbei südwärts, bevor es in einem weiten Linksbogen zum Parkplatz bei den Buchenegger Wasserfällen geht ❷. Nun haben Sie die Möglichkeit die Buchenegger Wasserfälle zu besichtigen.

Tipp

Der Besuch der Wasserfälle ist nur zu Fuß möglich. Ein steiler Waldpfad führt hinunter zur Weißach, deren Wasser hier von ein paar Gumpen aufgestaut wird und über die Wasserfälle in Richtung Oberstaufen fließt. Auf geeignetes Schuhwerk achten!

Beeindruckendes Naturjuwel

Nach einem kurzen Abstecher geht es mit dem Rad weiter in Richtung Ochsenschwandalpe. Bald wechselt der Untergrund auf Schotter, die Steigung hält sich aber nach wie vor in Grenzen. Kurz nach der unbewirtschafteten Alpe ist rechter Hand die Alpe Sonnhalde ausgeschrieben ③. Entlang des Wegs gibt es immer wieder Stationen der »Expedition Nagelfluh«. An verschiedenen Orten des Erlebniswegs können Sie auf

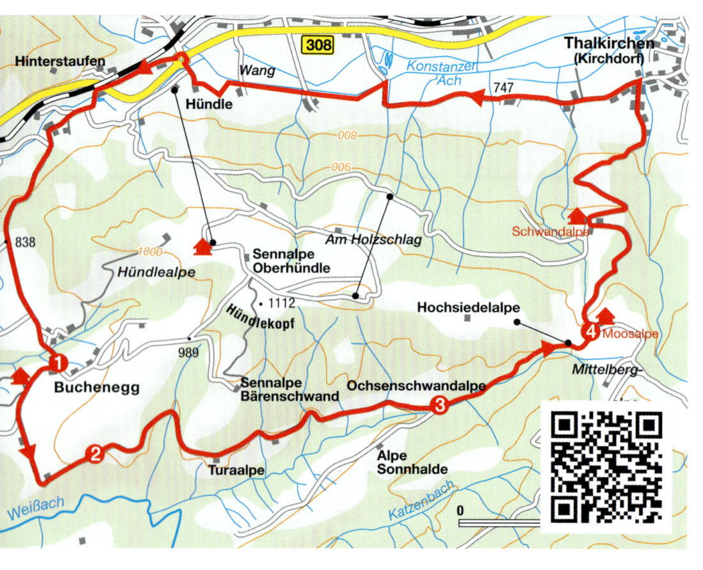

An der Moosalpe

Der Zugang zu den Wasserfällen ist nur zu Fuß möglich

großen Drehscheiben allerlei Informationen rund um das Thema »Nagelfluh« sammeln. Daher ist dieser Wegabschnitt auch bei Wanderern beliebt.
Kurz nach dem besagten Abzweig führt die Strecke etwas steiler durch den Laubwald nach oben. Bald darauf kommt die Moosalpe 4 in Sicht und der höchste Punkt der Radtour ist erreicht. Auch die Hälfte der Strecke liegt nun hinter uns. Nach einer ausgiebigen Stärkung führt ein nun wieder asphaltierter Wirtschaftsweg in einigen

Foto: Uwe/stock.adobe.com

Kleine Stärkung zwischendurch

Kehren talwärts. Die Schwandalpe, eine Selbstversorger-Hütte der DAV Sektion Ulm, bleibt linker Hand liegen. Der sogenannte »Schwandweg« führt hinunter nach Thalkirchdorf. Am Ende der Straße geht es links ab zurück zum Ausgangspunkt.

Tipp

Die Buchenegger Wasserfälle liegen im Naturwaldreservat Achrain. Das Naturwaldreservat wurde im Jahr 1978 ausgewiesen und ist somit eines der ältesten Naturwaldreservate Bayerns. Hier entwickelt sich der Wald ohne Eingriff des Menschen. Mehr Informationen unter *www.naturwaldreservate.de.*

KÄSE FRISCH VOM SENN

Das Geheimnis der guten Qualität liegt im würzigen Weidefutter für die Kühe, in der sorgfältigen Produktion nach Jahrhunderte alten Verfahren und vor allem auch in der Verfütterung von silofreiem Futter an Milchkühe.

Im Herzen des Allgäus zwischen Weitnau, Lindenberg und Oberstaufen, am Rande der Nagelfluhkette, liegt die Heumilch Sennerei Rutzhofen.

ONLINE SHOP

Sennerei Rutzhofen – Produktion & Verkauf
Rutzhofen 7 · 88167 Stiefenhofen · +49 8384 580

Verkauf Maierhöfen
Hauptstr. 12 · 88167 Maierhöfen · +49 8383 9229960

Verkauf Oberstaufen
Hugo-von-Königsegg-Str. 7 · 87534 Oberstaufen · +49 8386 9915704

www.sennerei-rutzhofen.de

2

Panoramatour Wildes Allgäu

Unter dem Namen »Wildes Allgäu« ist diese beliebte Mountainbiketour eine der anspruchsvolleren Radtouren der Tourensammlung »Naturbiken Allgäu/Tirol«. Und auch in diesem Buch zählt die Rundtour zu den schwierigeren Routen. Die abwechslungsreiche Streckenführung beinhaltet knackige Anstiege und steile Abfahrten, belohnt aber mit herrlichen Ausblicken auf die Nagelfluhkette und mit einer Vielzahl an Einkehrmöglichkeiten entlang des Wegs.

Die Alpe Starkatsgund und darunter der Große Alpsee

4,5 Std. → 28,8 km ↑↓ 795 hm

Parkplatz an der Hochgratbahn

Asphaltierte und geschotterte Nebenstraßen und Wirtschaftswege wechseln sich ab, hinzu kommen ein paar kurze Trailabschnitte auf naturbelassenem Untergrund. Die Abfahrten sind teils steil und erfordern ein gutes, sicheres Fahrvermögen.

Sennalpe Unteregg, Kemptener Naturfreundehaus, Starkatsgund Alpe, Bärenfalle, Moosalpe, Alpe Sonnhalde sowie weitere bewirtschaftete Alpen am und unweit des Wegs

Die Sennalpe Mittelberg, rechts unten die vom Ehrenschwanger Tal kommende Radstrecke

Ausgehend vom Parkplatz an der Hochgratbahn umrundet diese Radtour den Höhenzug, der das Ehrenschwanger Tal im Süden und das Konstanzer Tal im Norden trennt. Rechts der Weißach führt ein für den öffentlichen Verkehr gesperrter, asphaltierter Alpweg an den teils bewirtschafteten Simatsgund-Alpen westwärts durch das Ehrenschwanger Tal.
Einem flachen, gemütlichen Einradeln folgt ein erster Vorgeschmack auf die noch folgenden Anstiege. Nach Querung der Weißach ❶ zieht sich der Fahrweg gut 200 Höhenmeter durch den Dennebergwald nach oben, bevor es flacher wird und Sie zur bewirtschafteten Sennalpe Unteregg kommen ❷.
Hier gibt es auch die Möglichkeit, die Weißach erneut zu queren und auf einem breiteren Wirtschaftsweg über die Sennalpe Mittelberg ❸ die Tour fortzusetzen.
Auf der Original-Route endet der asphaltierte

Das Kemptener Naturfreundehaus,
kurz vor dem Gschwender Horn

Weg kurz nach der Alpe und es geht zunächst auf einem breiten Schotterweg, dann auf einem schmalen Waldweg durch das Quellgebiet der Weißach.
Die Radtour wird nun schwieriger, da einerseits die Steigung mehr und mehr zunimmt, andererseits auch der Untergrund anspruchsvoller wird. Nördlich des Dreherberg schiebt sich

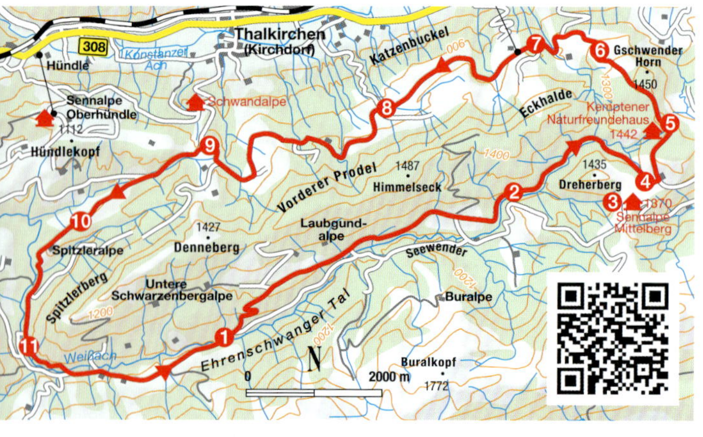

An der Bärenfalle

der Weg zunächst durch den Wald bis zu einer kleinen Hütte 4, bevor es links ab nochmals steiler zur Seifenmoos Alpe geht. Die Seifenmoos Alpe liegt oberhalb eines Feuchtgebiets. Sie ist nicht bewirtschaftet, sondern ein Ausbildungs-Stützpunkt der ansässigen Bergwacht. Abermals links ab steigt der nun wieder breite, geschotterte Fahrweg deutlich gemächlicher an. Etwa einen Kilometer später lädt das Kemptener Naturfreundehaus 5 zu einem Zwischenstopp ein. Anschließend führt ein schmaler Weg südlich des Gschwender Horn zur ersten steilen Abfahrt und zu einem nun wieder gut befestigten Wirtschaftsweg. Mit tollem Blick auf den Großen Alpsee geht es rasant über die Starkatsgund Alpe 6 talwärts.

Tipp

Über einen kurzen Abstecher zu Fuß erreichen Sie den Gipfel des Gschwender Horn, von wo aus die steil abfallenden Wände einen tollen Blick auf den Großen Alpsee garantieren.

Kurz nach der Alpe weisen Schilder links ab zur Bärenfalle und dem Alpsee Coaster, einem beliebten Ausflugsziel für Familien mit Kletterwald und großem Spielplatz 7.

Die Moosalpe

In leichtem Auf und Ab, aber ohne allzu großen Höhenunterschied, verläuft die Radstrecke nun oberhalb des Konstanzer Tals westwärts. Befestigte Alpwege und Wanderwege wechseln sich ab. Lediglich nach der Leutenschwand Alpe 8 wird es für ein paar hundert Meter noch einmal steil. Dann wird der Untergrund bald fester und die Fahrt zur Moosalpe deutlich einfacher.

Hinter der Moosalpe taucht ein breiterer Wanderweg in den Wald ein. Entgegengesetzt zur in Tour Nummer 1 beschriebenen Strecke geht es bergab bis zu einer Weggabelung, die linker Hand zur Alpe Sonnhalde führt 9.

Während es nach der Alpe auf einer wieder breiteren Schotterstraße zunächst noch relativ flach dahin geht, fällt der Weg im letzten Teil dieser Tour sehr steil 10 hinunter zur Weißach. An der Talsohle angekommen geht es noch einmal leicht ansteigend zurück zum Ausgangspunkt.

Tipp

Die Tour befindet sich im Naturpark Nagelfluhkette und führt an einigen Wald-Wild-Schongebieten vorbei. Daher sollten Sie auf jeden Fall auf der ausgewiesenen Route bleiben. Mehr Informationen unter *www.nagelfluhkette.info*

3

Höhentour am Alpsee

Der Blick über den Großen Alpsee beherrscht nahezu im gesamten Verlauf dieser Tour die Szenerie. Aber auch die Einkehrmöglichkeiten auf dem Höhenzug zwischen Immenstadt und Missen können sich sehen lassen. Aufgrund einiger kurzer Trail-Abschnitte ist diese Rundtour für Tourenfahrräder nur bedingt geeignet.

Aussichtspunkt Alpseeblick

2,5 Std.	→ 19,4 km	↑↓ 410 hm

 Parkplatz am Viehmarktplatz in Immenstadt

 Die An- und Abfahrt erfolgt auf asphaltierten Nebenstraßen. Auf dem Bergrücken warten breitere Wirtschaftswege, Wanderwege und auch kurze Trailabschnitte.

 Pfarralpe, Jugetalpe und Siedelalpe

Auffahrt zur
Alpe Hohenschwand

Wie Tour Nummer 2 gehört auch diese Mountainbiketour oberhalb des Großen Alpsees zur Sammlung »Naturbiken Allgäu/Tirol«, einem grenzübergreifenden Radprojekt mit insgesamt 24 ausgewählten Tages- und Mehrtagestouren. Die Höhentour führt vom Großen Alpsee zur Pfarralpe und an Juget- und Siedelalpe vorbei wieder zurück nach Immenstadt. Zunächst geht es vom Parkplatz parallel zur Bahnlinie in Richtung Bühl. Nördlich des Kleinen Alpsees beginnt der Trieblingser Weg, der Sie am »Hauser Strandbad« vorbei zum Nordufer des Großen Alpsees bringt. Ab dem Parkplatz am Bad ist die kleine Straße nur wenig befahren und führt in leichtem Auf und Ab am Seeufer entlang. Über Alpseewies und Trieblings geht es nun weiter nach Ratholz. Einige hundert Meter hinter dem Westufer beginnt rechter Hand die

Zwischen Pfarralpe und Jugetalpe

Die Pfarralpe oberhalb von Missen im Allgäu

Auffahrt in Richtung Alpe Hohenschwand ❶. In zahlreichen Kehren schlängelt sich der asphaltierte Weg an einzelnen Höfen hinauf zur 1.030 Meter hoch gelegenen, unbewirtschafteten Alpe ❷.
Kurz hinter der Alpe endet der asphaltierte Untergrund. Ein breiter, teils zugewachsener Wirtschaftsweg zieht sich die letzten Höhenmeter hinauf auf den Bergrücken.

Der Aussichtspunkt Alpseeblick ist auf jeden Fall einen Abstecher wert. Den erreichen Sie auf einem Wanderpfad über den flach gezogenen Bergrücken ❸.

Nun geht es in Richtung Pfarralpe einige Meter bergab. Der Wanderweg ist zwar gut ausgebaut, aber schottrig, teils steil, und mit Holzschwellen versehen! Die bewirtschaftete Alpe liegt etwas abseits der eigentlichen Route ❹.
Auf einem wieder breiten, geschotterten Fahrweg führt die Tour weiter zur Jugetalpe. Zunächst ebenerdig, dann im Wald fallend, geht es talwärts in Richtung Missen. Nach einer langgezogenen Linkskurve zweigt der Fahrweg rechts ab und bringt Sie in einem weiten Bogen zu einem Wiesentrail. Der zieht sich ein paar hundert Meter leicht steigend hinauf zur Alpe ❺.

Der Wiesenweg in Richtung Zaumberg, hinten die Siedelalpe

Der folgende Wirtschaftsweg führt unterhalb des kleinen Gipfels des Köpfle vorbei bis zu einem eisernen Gatter 6 kurz nach einer weiteren Weggabelung, die zur Siedelalpe 7 führt.
Hier folgt abermals ein kurzer Wiesenweg. Dieser bringt Sie ohne großen Höhenunterschied auf einen breiten Hohlweg, der talwärts nach Zaumberg führt. Auch wenn dieser Abschnitt breit und nicht allzu steil ist, so sorgen einige felsigere und grobschottrige Passagen für einen höheren technischen Anspruch.
In Zaumberg angekommen geht es scharf rechts auf einen Anliegerweg. Ein breiter Schotterweg zieht sich nun ebenerdig zur Staatstraße 2006, wo die Abfahrt in Richtung Immenstadt beginnt. Den Großteil der Abfahrt können Sie rechts der Straße, abgetrennt vom Autoverkehr, auf einem schmalen Kiesweg absolvieren 8. Erst kurz vor der Ebene wechseln Sie auf die Straße. Anschließend biegen Sie entweder nach Bühl am Alpsee ab und fahren von dort auf dem bekannten Weg zurück zum Parkplatz, oder Sie wechseln auf den Radweg auf der gegenüberliegenden Seite und folgen diesem bis nach Immenstadt.

4

Ostertal Runde

Es geht auf die 1.483 Meter hoch gelegene Höllritzer Alpe. Oberhalb des Birkachmoor schmeckt die Brotzeit mit Blick auf das Bleicherhorn besonders gut. Aber der höchste Punkt markiert noch lange nicht das Ende dieser Panoramatour im Reich des Nagelfluh.

An der Höllritzer Alpe, hinten die Hörnerkette mit Weiherkopf und Rangiswanger Horn

3,5 Std. → 22,2 km ↑↓ 754 hm

Wanderparkplatz Gunzesried Säge

Auf asphaltierte Alpwege folgen teils anspruchsvolle Schotterwege. Die Abfahrt ins Ostertal ist steil und erfordert ein gutes, sicheres Fahrvermögen. Ein Teil der Tour verläuft entlang der Gunzesrieder Talstraße.

Höllritzer Alpe, Bergfischzucht Gunzesried

Ausblick von der Höllritzer Alpe in Richtung Grünten, links die Nagelfluhkette

Über den Autalweg geht es vom Startpunkt aus in das Gunzesrieder Tal. Kurz nach der Alpe Gerstenbrändle ❶ endet die für den Verkehr freigegebene Straße. Ab hier herrscht Mautpflicht, weshalb im Verlauf der Auffahrt zur Höllritzer Alpe nur wenige Fahrzeuge das Radvergnügen stören.
Im Anschluss an eine kurze Abfahrt vom Mauthäuschen in Richtung Autal, geht es an der Alpe Vorsäß 1 links hinauf ❷. Auf den folgenden 5 Kilometern gilt es 500 Höhenmeter zu überwinden. Immer dem asphaltierten Alpweg folgend, schlängelt sich die Strecke zwischen Ennenmooskopf und Ostertalberg meist mit moderaten Steigungsprozenten nach oben. Erst im Bereich des Birkachmoor, kurz vor der Höllritzer Alpe, wird es für einen kurzen Moment steiler.
Das Birkachmoor liegt im Naturpark Nagelfluhkette

Ein besonderer Genuss – Kässsalat

und ist eines der tiefsten Moore des Allgäus. An der Höllritzer Alpe 3 endet die Mautstraße und es beginnt ein teils mit grobem Schotter bedeckter Wirtschaftsweg. Dieser führt zunächst ebenerdig an der Alpe vorbei westwärts, bevor er in zahlreichen Kehren steil hinunter ins Ostertal abfällt 4 Vorsicht ist geboten!

Tipp Mitte Juni, bzw. vor dem Gunzesrieder Viehscheid, ist die Abfahrt zur Gräfenalpe aus Rücksicht auf das Vieh für je zwei Wochen gesperrt!

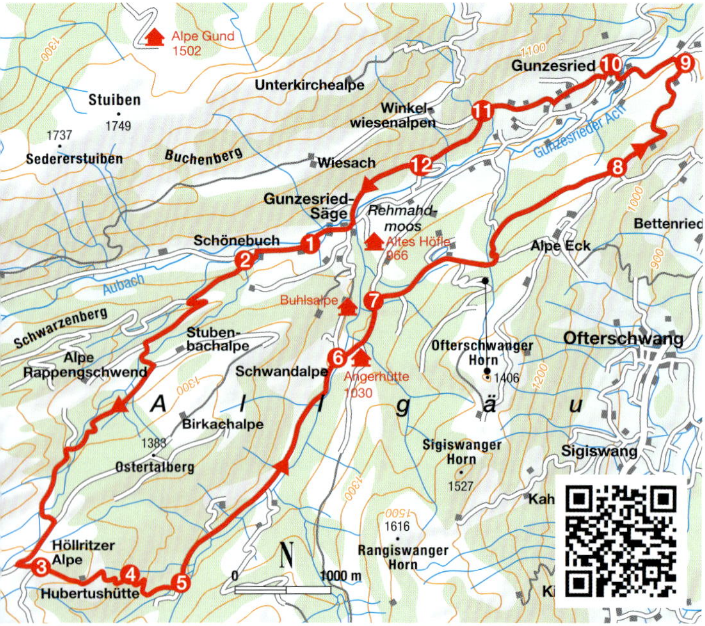

Die aspahltierte, breite Mautstraße führt am Birkachmoor vorbei bis zur Höllritzer Alpe

Ab der Grafenälpe 5 rollt es sich deutlich einfacher auf dem Ostertalweg bis zu einem Wanderparkplatz 6. Der Fahrweg steigt wieder leicht an. Etwa einen Kilometer nach dem Parkplatz verlassen Sie die asphaltierte Straße und biegen rechter Hand auf einen Schotterweg ein 7. Dieser führt erst steil durch den Wald, wird dann flacher und bringt Sie zur unbewirtschafteten Geißrücken Alpe.

Tipp Alternativ zu der nun folgenden Schleife können Sie auch auf dem Fahrweg bleiben und am Ende der Straße links ab zurück zum Ausgangspunkt fahren.

Hinter der Alpe geht es links ab. Der breite Schotterweg mündet talwärts in die ebenfalls mautpflichtige Straße, die Gunzesried mit dem Hotel Allgäuer Berghof verbindet 8. Auf dieser, nun wieder asphaltierten, Straße fahren Sie ein paar Kehren hinunter bis zur Gunzesrieder Talstraße 9. Abermals links geht es noch ein Stück weiter hinunter nach Gunzesried. Im Dorf angekommen steigt die Straße wieder an und Sie halten sich am kleinen Dorfladen 10, kurz nach der Sennerei, rechts. Am Hang entlang erreichen Sie schließlich den Wanderweg »Schönes Buch« 11. Dieser führt in leichtem Auf und Ab oberhalb der Gunzesrieder Ach an der Bergfischzucht Gunzesried 12 vorbei, bevor er schließlich wieder den Ausgangspunkt der Tour erreicht.

Tipp Der Besuch der Bergfischzucht Gunzesried am Ende der Tour und das dort angebotene Saiblingsfilet sind zu empfehlen!

5 Zum Aussichtsbalkon am Wächter des Allgäus

Die Auffahrt zur Alpe Kalkhöf ist aufgrund der Steilheit nicht zu unterschätzen. Wenn Sie aber einen der schönsten Sonnenuntergänge mit Blick über den Großen Alpsee erleben möchten, dann sind Sie auf der 1.210 Meter hoch gelegenen Alpe genau richtig.

Die Alpe Kalkhöf

2 Std. → 10,9 km ↑↓ 440 hm

Parkplatz am Sportplatz von Rettenberg

Großteils asphaltierte Alpwege, Nebenstraßen und Radwege. Ein paar Abschnitte gilt es auf Schotterwegen zu bewältigen.

Alpe Kalkhöf, Kameregg Alpe, Bier-Alp beim Bernardi Bräu

Blick von der Alpe in Richtung Rettenberg

Vom Brauereidorf Rettenberg fahren Sie an den Tennisplätzen vorbei in südlicher Richtung über Bichel nach Altach. Nach einer kurzen Abfahrt halten Sie sich links ❶. Es geht unter der Materialseilbahn des Grünten hindurch in die kleine Ortschaft Wagneritz. Oberhalb der Kapelle St. Wendelin beginnt der asphaltierte Alpweg in Richtung Kalkhöf ❷. Gleich zu Beginn gehen die Steigungsprozente deutlich nach oben. Über zahlreiche Kehren geht es nun etwa 2 Kilometer über freie Flächen und durch bewaldete Abschnitte bergauf, bis es wieder flacher wird. Der Alpweg wird etwas schottriger, bietet aber nach wie vor guten Grip. Am Ende des Waldes taucht rechter Hand die Alpe auf, die wie ein Adlerhorst unter

Kurz vor der Alpe

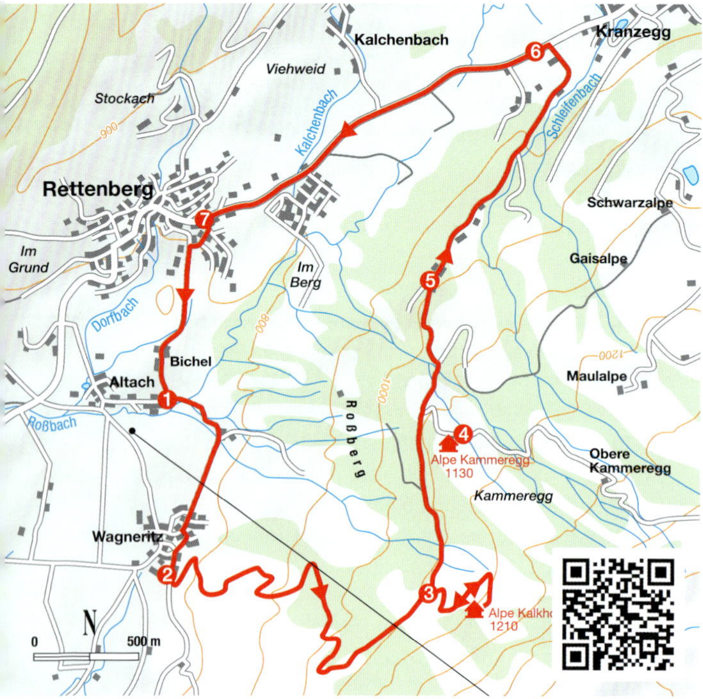

den steilen Wänden des Grünten thront. Die nun folgenden 100 Höhenmeter sind noch einmal richtig steil 3! Dann ist der herrlich gelegene »Aussichtsbalkon« am Wächter des Allgäus erreicht.
Am späten Nachmittag und in den Abendstunden taucht die untergehende Sonne die gegenüberliegende Nagelfluhkette in ein besonderes Licht und der Große Alpsee scheint zu leuchten.

Tipp

Falls Sie den Sonnenuntergang auf der Alpe genießen möchten, sollte Ihr Fahrrad für die Abfahrt in der Dämmerung mit einer entsprechenden Beleuchtung ausgestattet sein, um den Fahrweg in den Waldabschnitten gut erkennen zu können.

Frisch gestärkt beginnt die Abfahrt. Die ersten Meter geht es auf dem identischen Weg nach unten. Sobald es flacher wird, biegen Sie rechts in Richtung Alpe Kammeregg ab.
Ein gut ausgebauter, sehr breiter Wanderweg führt

Abendstimmung an der Alpe Kalkhöf

Eine leckere Brotzeit gehört dazu

leicht bergab bis kurz unterhalb der ebenfalls bewirtschafteten Alpe Kammeregg ④. Die wäre über einen kleinen Abstecher zu erreichen. Nun folgt eine wenig befahrenen Straße, die Sie zu einer weiteren Einkehrmöglichkeit ⑤ bringt. Über den Bernardi Bräu fahren Sie zur Verbindungsstraße zwischen Rettenberg und Kranzegg. Linker Hand schließt sich ein gut ausgebauter Radweg an ⑥. In ein paar Wellen geht es an der Zötler Brauerei vorbei zurück nach Rettenberg. Direkt an der ersten Einfahrt nach der Brauerei beginnt der Ahornweg ⑦, der wieder am Sportplatz endet.

Tipp

Diese Tour lässt sich in beiden Richtungen gut fahren. Im Uhrzeigersinn warten deutlich weniger steile Rampen bergauf.

„Ein Bier, so himmlisch wie sein Name"

Engelbräu

Ein Bier, so himmlisch wie sein Name

Seit 1668 im Allgäu dohuim

Genießen Sie an der Alpe Kalkhöf nach einer Rad- oder Wandertour unser erfrischendes Bier, eine gute Brotzeit und einen traumhaften Ausblick.

#EngelaufmWegBier
Wir sind sehr gespannt auf eure coolen Fotos mit unserem Bier und freuen uns schon, die verlinkten Bilder auf unserer Facebook- und Instagram Story zu posten.

Öffnungszeiten Bierladen

Montag – Freitag:
9:00 – 12:30 Uhr
14:30 – 18:00 Uhr

Samstag:
9:00 – 12:00 Uhr

Engelbräu Rettenberg Felix Widenmayer e.K.
Burgberger Str. 17 | 87549 Rettenberg
www.engelbraeu.de

6

Um das Wertacher Hörnle

TOP TIPP

Herrliche Rundtour durch den Großen Wald mit knackigen Auffahrten, teils anspruchsvollen Abfahrten und herrlichem Panorama ins Tannheimer Tal und das Ostrachtal. Nicht für Tourenräder/Trail!

Die Schnitzlertal Alpe

5 Std. → 35,2 km ↑↓ 1.000 hm

 Sonthofen

 Asphaltierte Straßen und Alpwege, geschotterte Wirtschaftswege und Wanderwege

 Berghofer Wald Alpe, Dreiangelhütte, Schnitzlertal Alpe, Buchel Alpe, Untere Ochsenalpe (etwas abseits der Route) sowie in Oberjoch und Bad Hindelang

Die ersten Sonnenstrahlen auf der Fahrt durch den Berghofer Wald

Ein früher Start lohnt sich für diese lange, konditionell fordernde, aber aussichtsreiche Tour. Für die passende Stärkung warten zahlreiche Alpen und Einkehrmöglichkeiten entlang der Strecke.

Über den Sonthofer Ortsteil Berghofen führt die Radroute zunächst nach Winkel. In der Ortsmitte beginnt rechter Hand die mautpflichtige Straße in Richtung Berghofer Wald 1. Der asphaltierte Alpweg zieht sich mit einem tollen Blick auf die Oberallgäuer Kreisstadt am Hang nach oben, bevor er in den Wald eintaucht.

Nach gut 300 Höhenmetern wird es flacher und eine leichte Abfahrt führt zur Berghofer Wald Alpe, die rechts des Weges auf einer kleinen Erhöhung liegt 2. In der Folge sind zwei Weidegatter zu überwinden.

Übergang Richtung Buchel Alpe mit Blick ins Tannheimer Tal

Die sind mit breiten, fahrradfreundlichen Durchgängen versehen. In leichtem Auf und Ab geht es der Dreiangelhütte 3 entgegen. Hier zweigt rechts die Auffahrt zum Bildstöckle (Tour Nummer 7) ab.

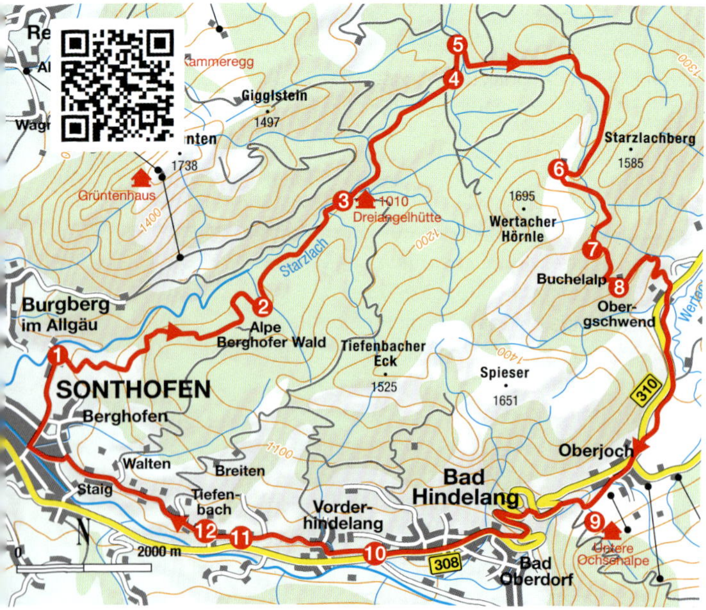

Hinter der Hütte beginnt der Fahrweg wieder zu steigen, bevor es zunächst ebenerdig, dann in einer kurzen Abfahrt zu einer Weggabelung 4 und kurze Zeit später auf einen

weiteren Abzweig zugeht ❺. Hier halten wir uns rechts. Die Auffahrt zur Schnitzlertal Alpe beginnt. Bis zur Alpe stehen von hier weiter 350 weitere Höhenmeter auf dem Streckenplan. Alleine die Radtour bis zur Schnitzlertal Alpe ist wunderschön und im Vergleich zum folgenden Abschnitt relativ einfach.

Ab der Alpe ändert sich der Untergrund ❻. Der Weg bleibt zwar immer noch breit, aber es geht auf einem geschotterten Wirtschaftsweg deutlich steiler nach oben. Die finale Rampe zwischen Wertacher Hörnle zur Rechten und dem Starzlach Berg zur Linken fordert noch einmal alle Kraft. Dann öffnet sich der herrliche Blick über Unterjoch ins Tannheimer Tal.

Ohne großen Höhenunterschied führt der Wirtschaftsweg am Hang entlang bis zu einem Wegweiser. Links ab sind die ersten Meter noch fahrbar, dann wartet eine kurze Schiebestrecke ❼. Der erdige Wanderweg ist vom Wasser teils tief eingeschnitten und leitet uns einige Meter talwärts zu einem Gatter.

Immer noch steil, aber auf einem breiten, mit leichtem Riesel bedeckten Alpweg geht die Fahrt weiter. Kurz darauf wartet die Buchel Alpe und eine verdiente Pause ❽.

Tipp

Der Hefezopf auf der Buchel Alpe kommt übrigens aus dem Hüttenholzherd und schmeckt besonders gut.

Die weitere Abfahrt in Richtung Unterjoch ist weit weniger steil und somit leichter zu fahren. An der Talsohle angekommen queren wir im Anschluss an den Wanderparkplatz die Bundesstraße. Wir fahren auf der gegen-

Blick über Bad Hindelang zum Jochpass

überliegenden Seite weiter auf einem gut ausgebauten Rad- und Wanderweg bergauf nach Oberjoch.
Dort angekommen geht es hinter dem Kreisverkehr über den großen Parkplatz wieder bergab und in den Ort hinein. Auf Höhe des Hotel Löwen halten wir uns links und fahren in die Salzgasse. Am Ende der Gasse abermals links, dann weisen Schilder auf den Wanderweg in Richtung Unterer Ochsenalpe. Sobald der Feldweg auf geteerten Untergrund wechselt, biegen wir rechts ab.

Tipp Wer die Aussicht noch etwas genießen möchte, kann ab der asphaltierten Straße auch noch links zur etwa 30 Meter höher gelegenen Ochsenalpe fahren ⑨.

Auf der Alten Jochstraße geht es talwärts nach Bad Hindelang. Am Ortseingang mündet die Alte Jochstraße in die östliche Alpenstraße, um diese kurze Zeit später rechts ab wieder zu verlassen. Durch das malerische Bad Hindelang hindurch geht es nach Westen. Am Ende des Orts folgt ein weiterer Kreisverkehr. Rechter Hand schließt sich die wenig befahrenen Nebenstraße nach Vorderhindelang an ⑩. Dort folgen noch ein paar zusätzliche Höhenmeter. Über Reckenberg und Tiefenbach geht es nach Sonthofen-Staig und zurück zum Ausgangspunkt ⑫ .

Tipp Alternativ beginnt in Vorderhindelang auch ein gut ausgebauter Radweg. Der führt parallel zur Bundesstraße wieder nach Sonthofen ⑪.

7

Durch den Berghofer Wald

Steil und anspruchsvoll geht es auf der ersten Hälfte der Tour hinauf zum Bildstöckle. Dann wartet eine meist einsame Abfahrt durch den Berghofer Wald. Zwei schöne Einkehrmöglichkeiten inklusive. Nicht für Tourenräder/Trail!

Abfahrt nach Sonthofen

3,5 Std. → 21,8 km ↑↓ 720 hm

Parkplatz an der Eissporthalle Sonthofen

Asphaltierte Straßen und Alpwege, im Bereich zwischen Bildstöckle und Dreiangelhütte breite, geschotterte Wirtschaftswege

Dreiangelhütte,
Berghofer Wald Alpe

Der Forstweg
Richtung Dreiängelhütte

Von Sonthofen aus geht es zunächst in nördlicher Richtung nach Berghofen. Nach Querung der Ostrach biegen wir rechts in den Fluhensteinweg ab ❶. Diese Straße führt bald steil hinauf in den Ortsteil Staig ❷.

Bis zum höchsten Punkt der Tour steigt die Strecke nun stetig an. Über Walten geht es weiter in Richtung Unterried ❸. Auch diese beiden Orte gehören zur Oberallgäuer Kreisstadt. Bei Breiten beginnt der mautpflichtige Alpweg in Richtung Bildstöckle. Das bedeutet, dass auf dem nun folgenden Streckenabschnitt bis zur Abfahrt nach Winkel nur sehr wenige Autos zu erwarten sind.

In zahlreichen Kehren und mitunter knackigen Steigungsprozenten schlängelt sich die Mautstraße über meist freies Gelände immer höher. Dabei entschädigt der

Pause unweit des Bildstöckle

herrliche Blick in Richtung Ostrachtal und auf die Hintersteiner Berge für die Mühe.

Tipp Zwischen 2007 und 2015 fand in der Auffahrt zum Bildstöckle das sogenannte Stöckle-Rennen, ein Bergsprint für Mountainbiker und Rennradler, statt.

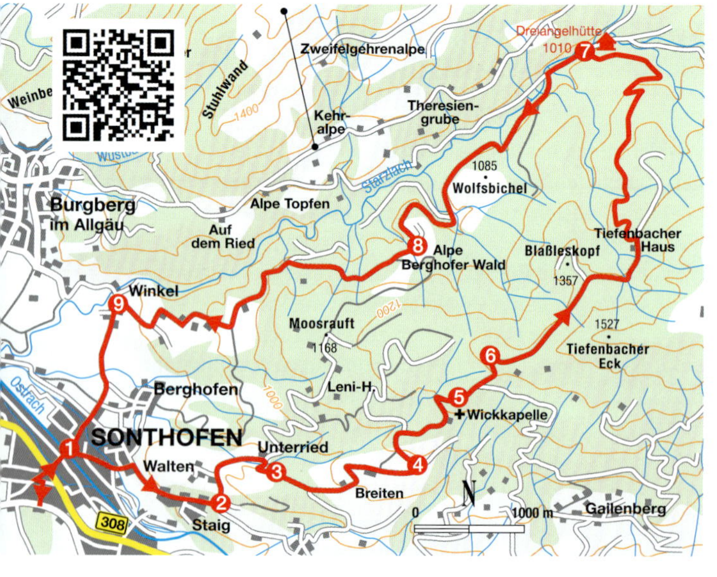

Die Wick-Kapelle, dahinter der Blick in Richtung Nebelhorn und Hindelanger Klettersteig

Am Bildstöckle

Hinter der unbewirtschafteten Winsch-Glick-Alpe ❹ endet die Fahrgenehmigung für Wanderer, die mit dem Auto nach oben fahren. Es geht an der Wick-Kapelle ❺ vorbei, einem beliebten Fotomotiv und Aussichtspunkt rechts der Straße. Knapp 600 Höhenmeter nach dem Start in Sonthofen zweigt linker Hand zunächst ein schmaler Waldpfad, am Ende der Straße ein etwas breiterer Fußweg zum Gipfelkreuz am bewaldeten Bildstöckle ab ❻.

Die Winsch-Glick-Alpe ist zwar nicht bewirtschaftet, aber meist stehen hier in einem Kühlschrank Getränke für Wanderer und Radfahrer bereit.

Mit dem Ende des Alpwegs beginnt ein immer noch breiter Forstweg. Der führt mit einer kurzen, asphaltierten Unterbrechung bis zur Dreiangelhütte. Zunächst noch in leichtem Auf und Ab fährt man bald steil hinunter zum Königssträßchen. Immer wieder öffnet sich der Wald und gibt linker Hand den Blick auf den Grünten frei.

Die Berghofer Wald Alpe, dahinter der Grünten

Tipp Wildschutzgebiet! Vom 15. November bis 30. April ist die Strecke zwischen Bildstöckle und Dreiangelhütte gesperrt!

Ab der bewirtschafteten Dreiangelhütte ❼ wechselt der Untergrund. Nun geht es linker Hand auf einem wieder asphaltierten Alpweg in Richtung Berghofer Wald Alpe. Immer links der Starzlach, die bei Winkel durch die tief eingeschnittene Starzlachklamm talwärts rauscht, wechseln sich kleinere Anstiege und Abfahrten ab. Dabei sind auch ein paar Weidegatter zu queren.
Auf einer kleinen Erhebung taucht links oben die Berghofer Wald Alpe auf ❽ Über einen kurzen Abstecher ist diese zweite Einkehrmöglichkeit auf der Tour schnell erreicht.
Die letzten Höhenmeter stehen an, bevor es zunächst durch den Wald, dann über freies Gelände hinunter nach Winkel geht ❾. Hier endet der mautpflichtige Alpweg durch den Berghofer Wald. Eine Nebenstraße führt nun wieder zurück nach Sonthofen und über die Ostrach, wo es auf demselben Weg wie zu Beginn wieder zurück zum Ausgangspunkt geht.

Ein lohnendes Ausflugsziel ist der Schäferladen in Bad Hindelang

200 Schafe in der eigenen Schäferei bilden die Grundlage für den Schäferladen. Mit 400m² Verkaufsfläche und einem Angebot das außergewöhnlich ist werden all jene fündig, die bei Kleidung, Teppichen und Betten Naturmaterialien schätzen. So finden sich im Angebot Naturmode für Damen und Herren, Babys und Kleinkinder. Aus heimischer Wolle werden dort Oberbetten und Kissen hergestellt, ergänzt durch Naturmatratzen und Zudecken aus hochwertigen Naturmaterialien. In einem Schäferladen dürfen natürlich Strickwolle, Lammfelle, Filzhausschuhe und Schafmilchseife nicht fehlen. Eine Besonderheit sind die handgewebten Schafwollteppiche nach Maß aus regionaler Wolle. Jeder Teppich ist ein Unikat und Sie können zusehen wie sie hergestellt werden.

Der Schäferladen ist zentral direkt bei der Bundesstraße gelegen. Sie können gut parken, den Ort erkunden, einkehren oder schöne Wanderungen unternehmen.

Mo. bis Fr. 9 bis 18 Uhr, Sa. 9 bis 13 Uhr geöffnet.

Schäferladen

Am Bauernmarkt 1 * D-87541 Bad Hindelang
Tel. +49 (0)8324 8620 * info@schaeferladen.de

www.schaeferladen.de

8

Strausberg-Runde

Neben den verschiedenen Einkehrmöglichkeiten ist das Naturschutzgebiet Strausbergmoos das Highlight auf dieser technisch teils anspruchsvollen Radrunde bei Sonthofen.

An der Strausberg Alpe

2 Std. → 14,7 km ↑↓ 520 hm

Der Sonthofer Ortsteil Binswangen

Nebenstraßen sowie asphaltierte und geschotterte Alpwege und Wiesenwege

Strausberghütte, Strausberg Alpe, Sonthofer Hof

Alpweg in Richtung Strausbergmoos

Der Ausgangspunkt dieser Tour befindet sich in Binswangen. Am östlichen Ortsende führt parallel zur östlichen Alpenstraße ein Feldweg zur Verbindungsstraße nach Imberg ❶.
Die Auffahrt in den Sonthofer Ortsteil ist ebenso asphaltiert wie die anschließende Mautstraße.
Zu Beginn führt die Straße in ein paar Kehren mit wenigen Steigungsprozenten nach oben. Erst kurz vor Imberg wird es erstmalig steiler. Hinter dem Berggasthof Sonne endet bald die öffentliche Straße und der mautpflichtige Alpweg in Richtung Strausberghütte beginnt ❷.
Erst noch einigermaßen flach, ziehen sich bald schon zahlreiche steilere Kehren über das meist freie Gelände nach oben. Gegen Ende der Auffahrt werden die Steigungsprozente weniger. Unterhalb der Strausberghütte ❸

geht es rechts ab zu einem Wanderparkplatz. Hier endet auch die Fahrerlaubnis für die Mautstraße.

Die Strausberghütte ist ebenfalls bewirtschaftet und nach wenigen Metern oberhalb des Parkplatzes zu erreichen.

Leicht fallend, teils ebenerdig, führt der weiterhin asphaltierte Alpweg mit einem herrlichen Blick auf die Rotspitz und die Hintersteiner Berge weiter in Richtung Strausbergmoos. Kurz vor der Strausberg Alpe endet der asphaltierte Weg und ein breiter, teils tiefschottriger Wirtschaftsweg führt die letzten paar hundert Meter bergauf zur Alpe ❹.
Nach der Strausberg Alpe folgen noch ein paar Höhenmeter. Es geht in leichtem Auf und Ab in einem Bogen um das Strausbergmoos herum. Am östlichsten Punkt der Tour steht eine erste steilere Abfahrt an. Hier ist weniger das Gefälle, sondern mehr der schottrige Untergrund die Herausforderung ❺. Nach Querung eines kleinen Bachs wird es für einen Moment flacher, bevor der letzte Anstieg nach oben führt.

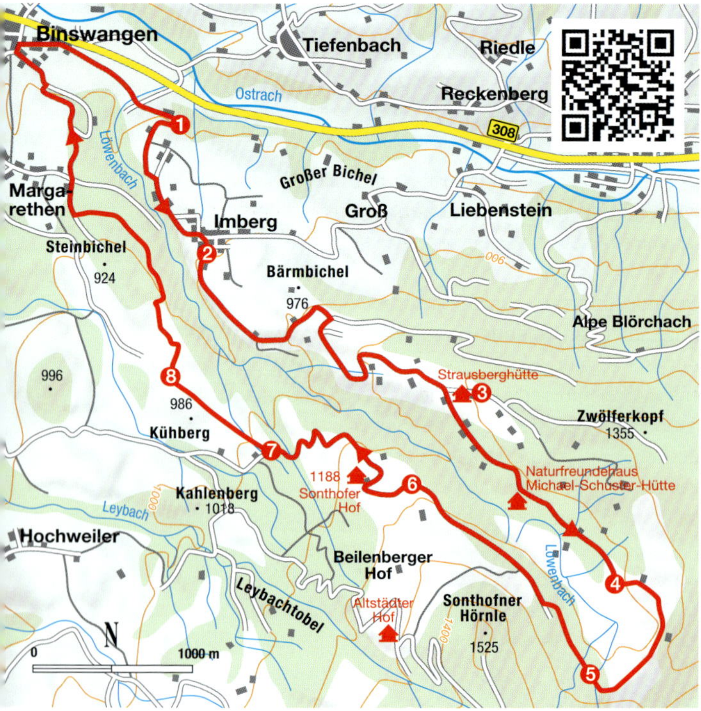

Abfahrt zum Sonthofer Hof

Auf den ausgewiesenen Wegen bleiben! Beim Strausbergmoos handelt es sich um einen weitgehend intakten, hochmontanen Moorkomplex. Das Moor erstreckt sich auf einer Höhe zwischen 1.100 und 1.230 Metern am Rande des Naturschutzgebiets Allgäuer Hochalpen.

Nun geht es an einer Weggabelung auf einem wieder asphaltierten Alpweg in Richtung Sonthofer Hof. Von hier ab heißt es bremsbereit sein. Nicht nur der Schranke wegen, die oberhalb des Sonthofer Hofs das Ende der Mautstraße markiert 6. Auch zahlreiche Wanderer suchen zu Fuß den Weg hinauf zu dem beliebten Ausflugsziel, das nach einer kurzen Abfahrt erreicht ist.

Nach der Einkehr geht es zunächst auf der Mautstraße weiter ins Tal. Ein paar Fahrminuten später zweigt rechts ein Wanderweg ab 7. Dieser führt sehr steil einige Höhenmeter bergab. Der mit großen Steinen bedeckte Untergrund ist anspruchsvoll! Daher sollte man hier das Rad besser ein paar Meter schieben. Über den Truppenübungsplatz von Sonthofen geht es in leichtem Auf und Ab weiter bis zu einem Wegweiser 8. Abermals rechts zweigt ein schmaler Wiesenpfad ab. Nach einem Gatter wird der Weg wieder breiter und mündet nach einigen Kehren in einen Wirtschaftsweg. Der bringt uns über freie Flächen und durch einen dichten Mischwald schließlich wieder zurück nach Binswangen.

Tipp

Wem die Abfahrt ab dem Sonthofer Hof zu anspruchsvoll ist, kann auch auf dem durchgehend asphaltierten Alpweg nach Altstädten und von dort zurück nach Sonthofen fahren.
Siehe Tour Nummer 9.

9

Auf den Altstädter Hof

Die Radtour auf den Altstädter Hof ist technisch nicht sonderlich anspruchsvoll, aber konditionell fordernd. Abschnittsweise steil, geht es von Sonthofen zu einem der schönsten Sonnenuntergangsplätze im Oberallgäu.

Am Altstädter Hof, hinten der Grünten

2 Std. → 15,7 km ↑↓ 551 hm

Parkplatz beim Wonnemar in Sonthofen

Asphaltierte Rad- und Alpwege

Altstädter Hof

Abendstimmung am Altstädter Hof

Die Oberallgäuer Kreisstadt Sonthofen ist Ausgangspunkt dieser Radtour. Von den Parkplätzen am Freizeitbad Wonnemar geht es zunächst auf dem gut befestigten, asphaltierten Radweg über die Wiesen südwärts in den Ortsteil Altstädten. Während dieser Anfahrt grüßt im Hintergrund der Allgäuer Hauptalpenkamm.

In Altstädten angekommen quert die Route einen beschrankten Bahnübergang der Bahnlinie Sonthofen – Oberstdorf ❶. Vom kleinen Bahnhof fährt man durch das angrenzende Wohngebiet hinauf bis zur Haupstraße. Rechts ab erreicht man, der nach Oberstdorf führenden Vorfahrtstraße bis zum Ortsende folgend, die Hinanger Steige.

Gleich hinter der Kalvarienkapelle geht es links ab auf den mautpflichtigen Alpweg in Richtung Altstädter

Sonthofen vom Altstädter Hof aus gesehen

und Sonthofer Hof 2. Zunächst noch über freies Gelände, taucht der durchweg asphaltierte Alpweg in den Wald ein und führt in ein paar Kehren nach oben. Bald schon lichtet sich der Wald wieder und eine lange, markante Rampe führt hinauf auf eine Ebene. Von links stößt ein alternativer Weg aus Richtung Beilenberg hinzu 3. Anders als die beschriebene Route ist dieser aber nicht asphaltiert.

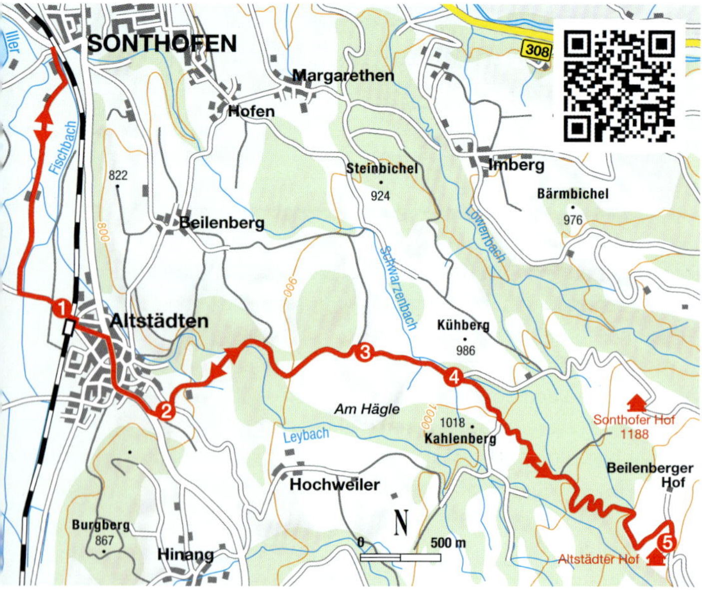

Sonnenuntergang über der Nagelfluhkette

Tipp Die Auffahrt von Sonthofen über Altstädten zum Altstädter Hof ist zwar steil, aufgrund des Untergrunds aber auch für ambitionierte Rennradfahrer geeignet.

Jetzt heißt es für einen kurzen Moment durchschnaufen. Leicht fallend bewegt sich der Weg nun auf eine Gabelung zu ❹. Die trennt die Auffahrt zum Altstädter Hof zur rechten Seite von der zum Sonthofer Hof zur Linken. Die finale Auffahrt beginnt. An der Weggabelung liegen 230 Höhenmeter hinter uns. 320 weitere, teils sehr steile Höhenmeter folgen.

Tipp Hält man sich an der Weggabelung links, so erreicht man den ebenfalls bewirtschafteten Sonthofer Hof, der ein paar Meter unterhalb des Altstädter Hofs liegt (siehe Tour Nummer 8).

Zunächst geht es noch über freie Alpflächen, dann folgen einige Kehren durch den Bergwald. Auf einer Höhe von etwa 1.200 Metern kommt der Altstädter Hof in Sicht. Die letzten drei Kehren führen wieder über freies Gelände hinauf zu diesem herrlichen Aussichtsbalkon, wo das ein oder andere kühle Getränk, hausgemachter Kuchen und eine leckere Brotzeit warten ❺.

Tipp Immer donnerstags gibt es ab 17 Uhr gegen Vorbestellung frisch gehobelte Kässspatzen auf dem Altstädter Hof.

10

Über die höchste Passstraße Deutschlands

Der Riedbergpass ist die höchste befahrbare Passstraße Deutschlands und nicht zuletzt deshalb für Rennradfahrer ein Highlight! Nicht nur aufgrund der Temperatur-, sondern auch aufgrund der Verkehrsentwicklung lohnt sich eine frühe Fahrt über den Pass. Über Balderschwang, Sibratsgfäll und das idyllische Rohrmoos geht es zurück zum Ausgangspunkt.

Sibratsgfäll

4 Std. → 50 km ↑↓ 1.063 hm

Parkplatz am Beginn der Passstraße in Obermaiselstein

Durchgängig asphaltiere Straßen und Alpwege

Balderschwang, Sibratsgfäll, Aibele Alpe, Berggasthaus Rohrmoos, Sennalpe Schattwald, Obermaiselstein

Auf dem Weg in Richtung Sibratsgfäll, Blick zurück nach Balderschwang

Kurz nach dem Tunnel, am westlichen Ortsausgang von Obermaiselstein, beginnt die Passstraße hinauf zum Riedbergpass. 5,5 Kilometer und 500 Höhenmeter stehen direkt zu Beginn auf dem Plan. Mit dem Rennrad ist die bevorstehende Tour, je nachdem welches Kettenblatt aufgezogen ist, eine echte Herausforderung. Aber auch mit dem Mountainbike ist der Pass kein Kinderspiel. Da der Riedbergpass eine viel befahrene Ost-West-Verbindung zwischen dem Allgäu und dem Bregenzer Wald ist, lohnt sich ein früher Aufbruch. Gerade in der Hauptsaison. In zahlreichen Kehren zieht sich die Straße nach oben. Nach gut 3 Kilometern ist der Parkplatz der Wannenkopfhütte erreicht 1.
Ab hier nehmen die Steigungsprozente für ein paar Fahrminuten ab. Kurz vor Erreichen der Passhöhe 2

Auf der Passhöhe

stellt sich aber noch eine schärfere Rampe in den Weg. Dann beginnt die rasante Abfahrt nach Balderschwang. Kurz vor der Gemeinde beginnt ein Radweg 3. Der führt parallel zur Hauptstraße durch den Ort. In leichtem Auf und Ab geht es durch die wunderschöne Landschaft, bevor die Straße in Richtung Bolgenach abfällt. Eine Brücke führt über den Bach, dann steigt die Tour wieder merklich an. Bald schon ist die beschilderte Einfahrt in Richtung Sibratsgfäll erreicht 4.

Balderschwang ist erreicht

Der Riedbergpass

Einer langen, nicht mehr ganz so steilen Rampe folgt die Abfahrt in Richtung Dorf.
Von nun an geht es immer der Fahrstraße folgend durch den Ort und anschließend weiter in Richtung Rohrmoos. Einige hundert Meter hinter den letzten Häusern beginnt ein für den öffentlichen Verkehr gesperrter Alpweg 5. Der ist, wie die gesamte Strecke, gut ausgebaut und eignet sich bestens auch für schmale Rennradreifen. Tendenziell führt die Route nun talwärts. Es stehen jedoch immer noch satte 280 Höhenmeter von Sibratsgfäll bis nach Tiefenbach auf dem Plan. Durch das Rohrmoostal nimmt der Radverkehr deutlich zu.
Hinter der Aibele Alpe, die etwas abseits der

An der Sennalpe Schattwald

Käsbrot auf der Sennalpe Schattwald

Strecke liegt, kommt der Weiler Rohmoos in Sicht. Kurz darauf die Sennalpe Schattwald 6. Nun geht es kontinuierlich nach Tiefenbach bergab.

In Tiefenbach angekommen fahren Sie links auf die Verbindungsstraße OA5 in Richtung Obermaiselstein. Ein breiter Fuß- und Radweg zieht sich nun über den Hirschsprung 7, einen markanten Felsdurchbruch, zurück nach Obermaiselstein.

Tipp

Die Einkehr auf der urig-schönen Sennalpe Schattwald ist für mich der Genuss-Tipp auf dieser Tour. Den vielfach prämierten Käse kann man nicht nur hier genießen, sondern auch mit nach Hause nehmen.

11

Durch das Oytal

Radtour in eines der landschaftlich schönsten Täler des Allgäus. Von den Oberstdorfer Skisprung-Anlagen geht es mit dem Panorama der Oberstdorfer Berge ins Oytal und weiter auf die Käseralpe.

Blick ins Oytal

3 Std. → 20,4 km ↑↓ 600 hm

 Parkplatz an der Oybele-Halle in Oberstdorf

 Asphaltierte Alpwege und geschotterte Wirtschaftswege wechseln sich ab.

 Oytal-Haus, Untere Gutenalpe, Käseralpe

Blick aus Richtung Käseralpe zum Schneck

Die Radtour hinauf auf die Käseralpe zählt nicht zu den höchsten Auffahrten im Allgäu. Aber sicherlich ist sie eine der schönsten. Zu Füßen der Höfats geht es durch das wunderschöne Oytal.
Ausgangspunkt der Tour ist Oberstdorf. Dort steigt die Strecke gleich zu Beginn in Richtung der Skisprungschanzen am Schattenberg an ❶. Schon nach ein paar Kehren wird es flacher. Oberhalb der Trettach zieht sich der asphaltierte Alpweg nun 4,5 Kilometer bis zum Oytal-Haus ❷. Dann wechselt der Belag auf Schotter.
Der durchweg breite Fahrweg schlängelt sich vor den Augen des Schneck über zwei Bachläufe immer tiefer ins Tal bis zur Unteren Gutenalpe ❸. Wir lassen die bewirtschaftete Alpe rechts liegen und folgen dem zunächst leicht,

Die letzten Meter zur Käseralpe

dann kräftiger ansteigenden Fahrweg hinauf zu einem kleinen Bach. Bei wenig Wasser kann man den Bachlauf direkt queren, alternativ geht es über einen schmalen Steg.
Nun schließt sich wieder ein asphaltierter Alpweg an, der die folgenden Höhenmeter durchaus einfacher macht. Auf der linken Seite steht das markante Prinzenkreuz 4. Dann beginnt der eigentliche Anstieg hinauf zur Käseralpe.

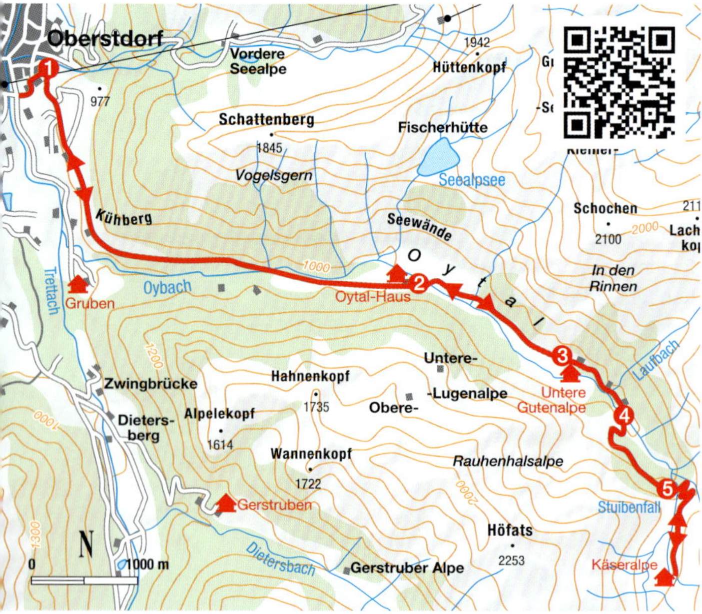

Der Stuibenfall

Vom Tal aus ist der tosende Stuibenfall schon zu sehen 5. Mit 15 – 16 Steigungsprozenten geht es nach oben. Etwa auf halber Strecke zum Wasserfall warten noch einige steile Meter auf Schotter, bevor der Fahrweg wieder befestigt ist.

Tipp

Die Auffahrt in Richtung Stuibenfall ist steil und erfordert Sicherheit beim Fahren. Gerade in der späteren Abfahrt sollte man hier die Geschwindigkeit im Griff haben! Breite Mountainbike-Reifen haben gegenüber Tourenrädern einen deutlichen Vorteil.

Der Stuibenfall bietet an heißen Sommertagen eine willkommene Abkühlung. Aber das Ziel ist noch nicht ganz erreicht. Nach der langen Anfahrt haben es die beiden letzten steilen Serpentinen noch einmal in sich. An einem großen Felsblock hat man es aber geschafft und kann den herrlichen Blick zurück ins Oytal genießen. Die letzten 800 Meter sind wieder flacher. Abermals auf schottrigem Untergrund geht es in den Kessel zwischen Großem Wilden, Rauhhorn und Höfats, wo bereits die 1.405 Meter hoch gelegene Käseralpe grüßt.
An der Alp lässt sich das herrliche Bergpanorama bei einem kühlen Getränk und einer leckeren Brotzeit so richtig genießen, bevor die rasante Abfahrt hinunter ins Oytal ansteht.

Tipp

Das Oytal und auch die Käseralpe liegen, wie auch die Touren 12 und 13, im Naturschutzgebiet Allgäuer Hochalpen. Es ist das zweitgrößte Naturschutzgebiet Bayerns und eines der artenreichsten Gebirge Deutschlands.

12

Genuss-Panoramatour

Die Alpe Obere Bierenwang liegt unterhalb des Fellhorns, aussichtsreich gegenüber dem »Allgäuer Dreigestirn« Trettach, Mädelegabel und Hochfrottspitze. Die Bergbahn zieht zahlreiche Wanderer zu dieser Panoramaloge. Die knackige Auffahrt mit dem Rad ist eher wenig befahren.

Zwischen Fellhornbahn und Alpe Obere Bierenwang

3 Std. → 15,5 km ↑↓ 832 hm

Parkplatz an der Fellhornbahn bei Oberstdorf

Fast durchgängig asphaltierte, breite, teils mit leichtem Schotter bedeckte Alpwege.

Alpe Obere Bierenwang

An der Alpe Obere Bierenwang mit Blick auf das Allgäuer Dreigestirn

Von der Talstation der Fellhornbahn führt zunächst ein Schotterweg nordwärts in Richtung Schwand. Der Weg ist breit und weist kaum Steigung auf. In der Verlängerung dieses Teilstücks könnte man hier noch weiter bis zum Freibergsee ❶ und der Skiflugschanze von Oberstdorf radeln.
Nach einem guten Kilometer geht es in einer Spitzkehre ❷ links ab zum Berggasthof Leiter ❸. Hier beginnt die eigentliche Auffahrt. Auch jetzt ist die Steigung noch relativ gemütlich. Rampen jenseits der 25 % sind im weiteren Verlauf der Tour aber keine Seltenheit. Das unterstreichen auch die zahlreichen Serpentinen beim Blick in die Karte.
Der nun durchweg breite und asphaltierte Fahrweg zieht sich zu Beginn durch den Wald, bevor es über freie Flächen bis zum Zwischeneinsteig der Umlaufkabinenbahn geht.

Die gesamte Strecke zur Alpe ist breit, gut befestigt, aber teils mit leichtem Schotter bedeckt.

An der Zwischenstation wartet eine kurze Verschnaufpause an einem kleinen Brunnen ④.

Rechter Hand führt der Fahrweg weiter hinauf in Richtung Bergstation, wo kurz unterhalb die Alpe Schlappold ⑤ liegt. Auch diese Alternative ist durchweg mit dem Rad auf asphaltierten Wegen erreichbar.

Nun zieht sich der Fahrweg unterhalb der Bahn hindurch. Hinter einer Brücke wartet eine weitere steile Rampe. Geradeaus würde man zu den Wanderwegen in Richtung

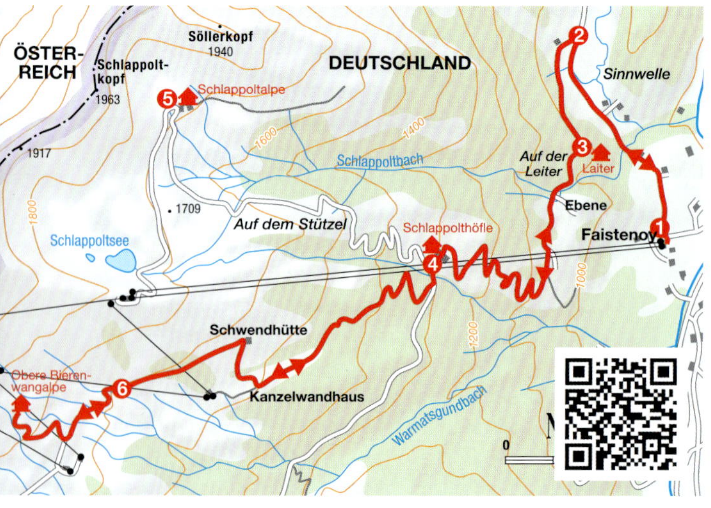

Die Alpe Obere Bierenwang

Alpe Obere Bierenwang gelangen. Der Fahrweg aber führt rechter Hand nach oben. Die steilen Rampen werden immer wieder durch flachere Abschnitte unterbrochen. Über großteils freies Gelände erreichen Sie das im Winter bewirtschaftete Kanzelwandhaus und später das Bergrestaurant »s'Urbar«. Auch das hat nur in den Wintermonaten geöffnet.

Nun wird es für etwa einen Kilometer deutlich flacher. Es geht unterhalb der Wildruhezone des Scheidtobel zur Möserbahn, einer der Liftanlagen, die im Winter die Gäste parallel zur Alpe Obere Bierenwang nach oben befördert. Nun stehen, auf vier Kehren verteilt, die mitunter steilsten Rampen bevor 6. Der leicht gekieste Untergrund erhöht den Schwierigkeitsgrad. Gerade auf dem Rückweg sollte man hier langsam fahren.

Dann aber ist es geschafft und das Ziel auf 1.735 Metern Höhe erreicht. Knapp 800 Höhenmeter, die sich auf knapp 8 Kilometer Strecke verteilen, sind überwunden.

Auf der großzügigen Aussichtsterrasse der Alpe Obere Bierenwang steht dem Genuss der Brotzeit und des Bergpanoramas nichts mehr im Weg! Das »Allgäuer Dreigestirn«, bestehend aus Trettach, Mädelegabel und Hochfrottspitze, grüßt von der gegenüberliegenden Bergkette.

13

Durch das Rappenalptal

Einige Alpen warten auf dem Weg von Faistenoy bis zur Schwarzen Hütte. Somit kann man nicht nur das herrliche Panorama des Rappenalptals genießen, sondern auch den ein oder anderen leckeren Zwischenstopp einlegen.

Entspannte Fahrt parallel zum Rappenalpbach durch das Tal

1,5 Std. → 18 km ↑↓ 330 hm

Parkplatz an der Talstation der Fellhornbahn

Durchgehend asphaltierte Alpwege, die für den öffentlichen Verkehr gesperrt sind.

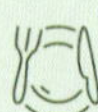

Birgsau, Alpe Eschbach, Buchrainer Alpe, Breitengehren Alpe, Schwarze Hütte

Das Rappenalptal kurz vor der Schwarzen Hütte, hinten der Schrofenpass

Wie bei Tour Nummer 12 ist auch bei dieser Radtour ins Rappenalptal der Parkplatz an der Fellhornbahn unser Ausgangspunkt. Vor uns liegen 9 Kilometer und 330 Höhenmeter. Richtig steil wird es dabei nur auf der ersten Hälfte der Tour. Die restliche Fahrt durch das Oberstdorfer Tal ist purer Genuss!

Tipp

Wer steile Rampen nicht scheut, kann diese Tour aufgrund der asphaltierten Wege auch mit dem Rennrad absolvieren.

Vom Parkplatz geht es parallel zur Stillach in Richtung Einödsbach. Linker Hand befinden sich der Weiler Birgsau und die bewirtschaftete Alpe Eschbach ❶. Für den öffentlichen Verkehr ist dieser Abschnitt gesperrt.

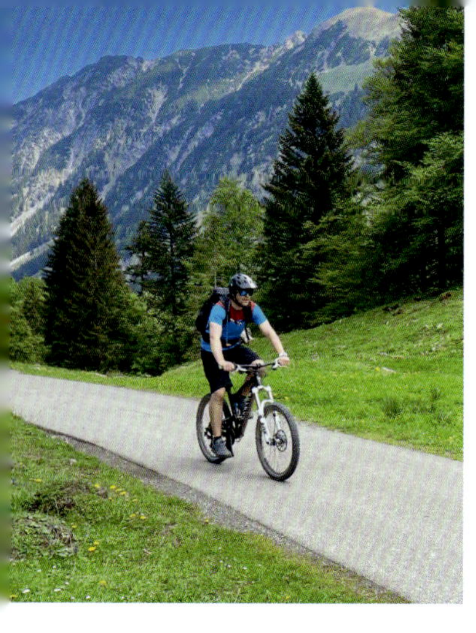

Lediglich der Talbus bringt Wanderer bis zum Abzweig nach Einödsbach, der nach knapp 3 Kilometern erreicht ist.
Rechts ab geht es, zunächst noch weiterhin flach, in Richtung Rappenalptal 2. Dann beginnt der steile Teil der Tour. In einigen Kehren zieht sich der Alpweg durch den Wald nach oben. Nicht wenige schieben diesen Teil des Weges. Auch wenn nur Versorgungsfahrten zu den Alpen und den höher gelegenen Alpenvereinshütten über diese Straße erfolgen, so sollte man speziell bei der späteren Abfahrt vorsichtig fahren und jederzeit mit Gegenverkehr rechnen!

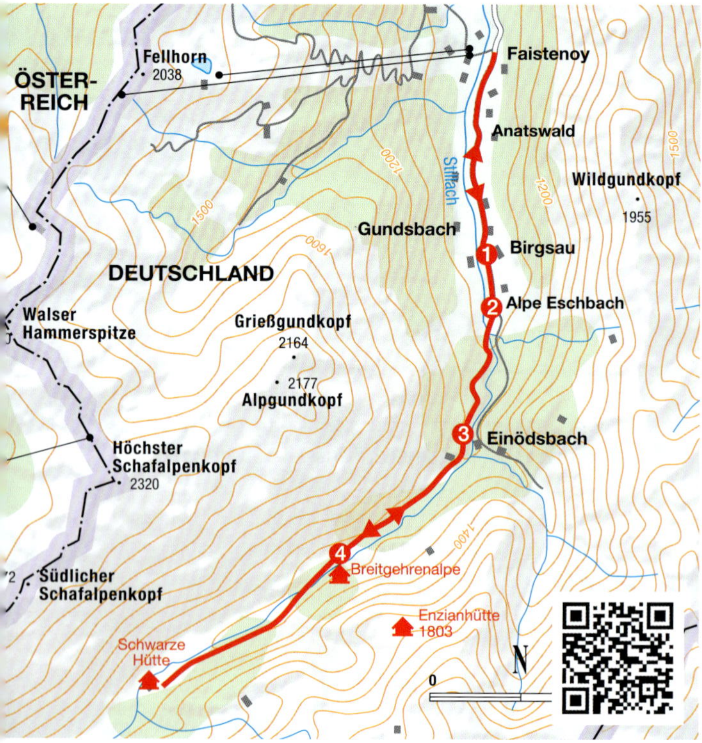

Fellhorn
2038
ÖSTER-
REICH
Faistenoy
Anatswald
Stillach
Wildgundkopf
1955
1200
1500
1600
Gundsbach
Birgsau
1
DEUTSCHLAND
2
Alpe Eschbach
Walser
Hammerspitze
Grießgundkopf
2164
2177
Alpgundkopf
3
Einödsbach
Höchster
Schafalpenkopf
2320
1400
4
Breitgehrenalpe
Südlicher
Schafalpenkopf
Enzianhütte
1803
Schwarze
Hütte
N
0

Die Schwarze Hütte

Auf Höhe der Buchrainer Alpe ❸ wird es flacher, der Wald öffnet sich und auch das zunächst noch schmale Rappenalptal weitet sich mehr und mehr. Der Blick auf die Berge links und rechts des Tales wird frei. Im Tobel links unten vereinigen sich Rappenalpbach und Bacherlochbach zur Stillach, die einige Kilometer talwärts die Iller speist.

Tipp

Von der Buchrainer Alpe hat man in Richtung Osten einen einmalig schönen Blick hinüber zur steil aufragenden Trettach.

Noch immer stehen 150 Höhenmeter bergauf auf dem Plan. Aber das Gelände und somit die Strecke ist nicht mehr ganz so steil. Immer wieder sorgen kurze Abfahrten für Entspannung. An warmen Sommertagen kann man auf dem Weg die ein oder andere Kreuzotter antreffen, die sich auf dem warmen Asphalt wärmt.
Der Alpweg führt nun durchweg am Rappenalpbach entlang. Gut 2 Kilometer nach der Buchrainer Alpe grüßt auf der linken Talseite die ebenfalls bewirtschaftete Breitengehren Alpe ❹. Und weitere 2 Kilometer später ist der Wendepunkt der Tour, die Schwarze Hütte, erreicht.
Wer noch nicht genug Höhenmeter in den Beinen hat, kann auf der weiterhin asphaltierten Straße auch noch bis zur Speicherhütte fahren. Von dort aus geht es unter anderem über den Schrofenpass und auf der legendären Heckmair-Route in Richtung Gardasee. Allerdings wartet auf dem Abschnitt zur Speicherhütte, kurz nach der Materialbahn der Mindelheimer Hütte, noch ein knackiger Anstieg.

14

Hoch hinauf zum Hirschberg

Auf dieser knackigen Radtour geht es rund um den legendären Jochpass hinauf zur Hirschalpe, wo ein wunderschönes Panorama über Bad Hindelang in die Hintersteiner Berge wartet.

Aussicht an der Hirsch-Alpe

3 Std. → 11,3 km ↑↓ 677 hm

 Busbahnhof Bad Hindelang

 Fast durchgängig asphaltierte Alpwege und kurze Schotterpassagen.

 Hirschalpe

Auf der alten Jochstraße mit Blick zum Hirschberg

Vom Busbahnhof in Bad Hindelang geht es zunächst durch die wunderschönen Straßen und Gassen des Kurorts. An der Kirche vorbei führt die Jochstraße in westlicher Richtung zum Beginn der gleichnamigen Passstraße. Über einen Fuß- und Radweg, der parallel zur östlichen Alpenstraße verläuft, erreicht man in der ersten Kehre des Jochpass die Alte Jochstraße.

Tipp

Der Jochpass war ab Mitte des 16. Jahrhunderts bis Anfang des 19. Jahrhunderts eine wichtige Verkehrsader für das lebenswichtige Salz, das in Hall bei Innsbruck gewonnen wurde.

Sie ist für den öffentlichen Verkehr gesperrt und führt links ab nach oben 1 Es folgt eine kurze Schotterpassage,

Blick auf den Jochpass

die uns bis zu einer Unterführung bringt. Unter dem Jochpass hindurch warten die ersten wirklich steilen Rampen. Über freie Alpweiden geht es nach oben. In einer scharfen Rechtskurve zweigt links ein Wanderweg ab ❷. Nun folgt ein zweiter, schottriger Abschnitt, der bis zur Querung des Jochpasses führt.

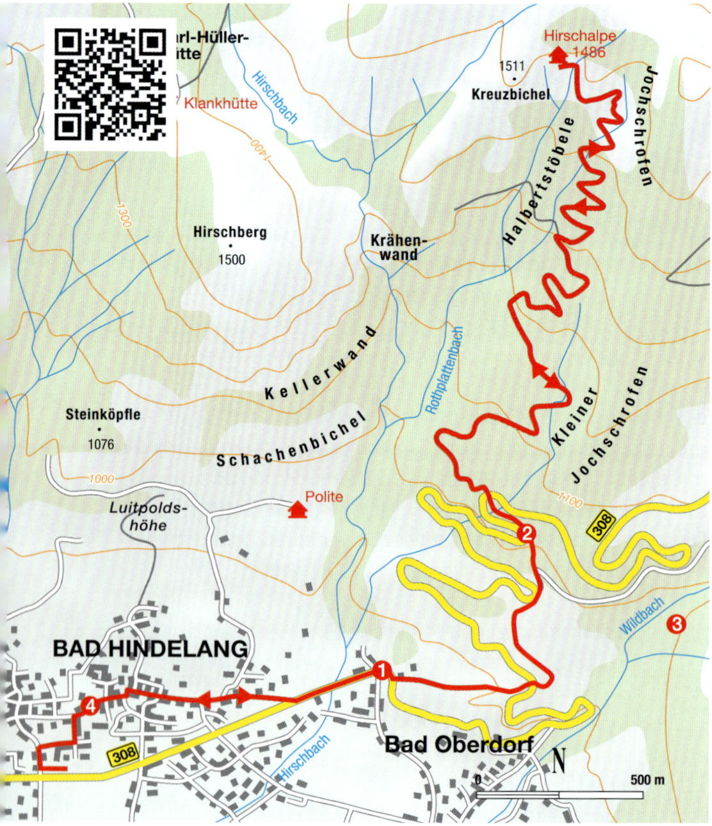

Abfahrt von der Alpe zum Parkplatz

Auf der gegenüberliegenden Seite geht es hinter dem Parkplatz der Hirschalpe weiter. Auf nun wieder festem, asphaltiertem Untergrund warten zunächst noch moderate 13-14 Steigungsprozente. Links unter uns breitet sich das Ostrachtal mit Bad Hindelang aus. Über uns der Hirschberg.
In vielen Serpentinen schlängelt sich der Alpweg nach oben. Je enger die Serpentinen, desto steiler wird der Weg. Die nun mitunter über 20 Prozent liegenden Abschnitte verlangen Kondition. Die Strecke taucht mehr und mehr in den Wald ein, was die Auffahrt an sonnigen Tagen angenehmer macht. Schließlich flacht der Weg ab und nach einer letzten S-Kurve taucht vor uns die Alpe auf. Der Lohn der Mühe ist eine traumhafte Aussicht über Bad Hindelang, hinüber zu Rotspitz und Breitenberg und ins Retterschwanger Tal. Und natürlich die leckere Brotzeit auf der Hirschalpe.
In Ergänzung zur Hirschalpe kann man auch noch die ebenfalls bewirtschaftete Untere Ochsenalpe besuchen ❸.
Dazu fährt man zunächst zurück zum Parkplatz und nach dem Schotterweg auf der alten Jochstraße weiter links hinauf. Nach etwa 700 Metern kommt eine Weggabelung. Schilder weisen rechts ab zur Ochsenalpe, die einen guten Kilometer später erreicht ist.

Tipp

Nach der Abfahrt nach Bad Hindelang lohnt sich ein Bummel durch die wunderschönen Gassen und ein Zwischenstopp beim Kirchebäck, direkt neben der Kirche ❹.

15 Über den Nordpol ins Retterschwanger Tal

Ob mit dem Mountainbike, mit dem Gravelbike oder dem Rennrad. Das Retterschwanger Tal und der Blick auf die Wände von Großem Daumen und Nebelhorn sind jeden Kurbeltritt wert. Die Einkehr im Mitterhaus sowieso.

Oberhalb des Retterschwanger Tals, unten der Alpweg

2 Std. → 25 km ↑↓ 660 hm

Busparkplatz Bad Hindelang

Fast durchgängig asphaltierte Straßen und Alpwege, erst gegen Ende folgt ein breiter Schotterweg

Mitterhaus

An der Ställen Alpe

Gegenüber des Bad Hindelanger Kurhauses führt der Untere Buigenweg zu den südlich gelegenen Häusern des Orts. Über den sogenannten Nordpol ❶ geht es zunächst auf dem Radweg der Ostrachstraße in Richtung Hinterstein. Auf Höhe des Ortsschilds von Bad Oberdorf zweigt rechter Hand der Hornweg ab. Hier geht es über die Ostrach und ein paar hundert Meter später an einer Weggabelung abermals rechts in Richtung Retterschwanger Tal ❷. Der breite, asphaltierte Alpweg ist für den öffentlichen Verkehr gesperrt und beginnt allmählich zu steigen.

Tipp

Ende des 19. Jahrhunderts taucht der »Nordpol« in Zusammenhang mit Bad Hindelang erstmalig in der Geschichte der Gemeinde auf. Und zwar für eine Brauerei.

Auffahrt in Richtung Mitterhaus

Zunächst noch über freie Wiesenflächen zieht sich der Weg bald darauf in einigen Kehren durch den Wald nach oben. Etwa 4 Kilometer nach dem Start in Bad Hindelang wird es spürbar flacher. Nur noch wenige Höhenmeter, dann folgt eine leichte Abfahrt zur Talsohle der Bsonderach,

Das Mitterhaus im Retterschwanger Tal

die sich aus mehreren Bächen links und rechts des Retterschwanger Tals speist.
Eine kurze, moderate Steigung später kommt rechter Hand das Mitterhaus in Sicht ❸. Der Fahrweg steigt nun noch ein Stück an und erreicht schließlich die unbewirtschaftete Ställen Alpe. Nach ein paar hundert flachen Metern geht es über die Bsonderach. Bei niedrigem Wasserstand kann man gut durch den Bach fahren. Ansonsten unterstützt eine kleine Eisenbrücke bei der Querung ❹.

Tipp

Bis zur Bachquerung ist die Fahrt durch das Retterschwanger Tal mit dem Rennrad problemlos möglich. Später wird der immer noch breite Weg etwas gröber und geht kurz vor dem Wendepunkt in einen Schotterweg über.

Knapp 300 Höhenmeter stehen noch bevor. Zunächst ein Stück durch den Wald, dann geht es mit einem tollen Blick zu den Wänden des Großen Daumen am Berghang entlang nach oben. Noch einmal geht es über die Bsonderach bevor der dann geschotterte und breite Fahrweg im Bereich der Hinteren Entschenalpe endet.
Die unbewirtschaftete Wankhütte unterhalb der steil abfallenden Wände des Nebelhorn markiert den Wendepunkt dieser aussichtsreichen Radtour. Über das Mitterhaus, wo eine Einkehr nicht fehlen darf, geht es zurück nach Bad Hindelang.

Tipp

Das Mitterhaus hat eine bewegte Geschichte. Im 16. Jahrhundert diente es als Stutenhof der Grafen Fugger, bevor es ein Militärfohlenhof und schließlich eine Alpsennerei wurde.

16

Rennrad-Klassiker im Hintersteiner Tal

Diese Radtour ist bei Einheimischen besonders beliebt. Die Strecke zum Giebelhaus eignet sich nicht nur für Tourenräder oder Mountainbikes, sondern ist aufgrund des Untergrunds und der entspannten Steigungen auch für das Rennrad bestens geeignet.

Am Beginn der Giebelhausstraße

1,5 Std. → 25 km ↑↓ 320 hm

Wanderparkplatz bei Bad Oberdorf

Durchweg asphaltierte Neben- und Mautstraßen, lediglich im Bereich zwischen Bruck und Hinterstein fährt man ein Stück auf der normalen Fahrstraße

Haus der Konstanzer Jäger, Giebelhaus und in Hinterstein, sowie weitere Alpen, wenn man sich für die Varianten entscheidet

Das Giebelhaus und dahinter der gleichnamige Berg

Ausgangspunkt dieser Radtour ist der Wanderparkplatz bei Bad Oberdorf. Kurz nach dem Parkplatz geht es ein erstes Mal über die Ostrach. Es folgt ein Anlieger-Weg, der zur Ortschaft Bruck führt. Dort folgt die zweite Querung, bevor die Strecke rechter Hand auf die Talstraße einbiegt ❶. Nach gut zweieinhalb Kilometer ist die Kapelle von Hinterstein erreicht. Abermals rechts beginnt bald schon die für den öffentlichen Verkehr gesperrte Giebelhausstraße.

Tipp

Alternativ kann man am Ortseingang von Hinterstein auch auf einen geschotterten Rad- und Wanderweg einbiegen und links der Ostrach über die Wiesen fahren ❷. Am Ortsende stößt der Weg wieder auf die Mautstraße in Richtung Giebelhaus ❸.

Tiefblick an der Eisenbreche

Es folgen die ersten eigentlichen Steigungen, wobei sich die 230 Höhenmeter bis ans Ziel entspannt auf 8,5 Kilometern verteilen. Aufgrund dieses Streckenprofils ist die Tour bei Rennradfahrern so beliebt. Zunächst führt der Alpweg noch über freies Gelände, bevor die Route in Richtung Konstanzer Jägerhaus 4 stetig bergan in den Wald eintaucht. Immer der Fahrstraße folgend geht es dahin. Eine kurze Abfahrt später ist das Wasser-

Bad Oberdorf
Ostrach
Iseler
1876
ÖST
Zipfelsalpe
Bruck
Ponten
2044
Hinterstein
Bsonderach
DEUTSCHLAND
Breitenberg
1893
Rotspitz
2034
Alpe Egg
Eckbach
Konstanzer Jägerhaus
Alpe Mösle
Kleiner Daumen
2197
Großer Daumen
2280
Engeratsgundsee
Hintersteiner Tal
Älpelekopf
2024
Schrecksee
Schwarzenberghütte
1380
Alpe Engeratsgund
Giebelhaus
0
1000 m

Parallel zur Ostrach führen die letzten Kilometer zum Giebelhaus

kraftwerk Auele erreicht 5. Hier zweigt auch der Aufstieg in Richtung Schrecksee ab.
Nun steigt die Straße wieder an und bald schon warten mit 10-12 Prozent Steigung die steilsten Rampen. Hinter der sogenannten Eisenbreche wird es aber schon wieder flacher 6.

Tipp

An der Eisenbreche hat sich die Ostrach tief in den Fels eingegraben und eine beeindruckende Klamm gebildet. Ein kleiner Aussichtspunkt, nur wenige Schritte von der Straße entfernt, hält einen besonderen Tiefblick bereit.

Der Wald lichtet sich mehr und mehr und gibt den beeindruckenden Blick auf die umliegenden Berggipfel frei. Die letzten Steigungen sind kaum mehr spürbar. Nach der hölzernen Hubertuskapelle 7 geht es ein letztes Mal über die Ostrach und in nahezu gerader Linie dem Wendepunkt der Tour entgegen: dem Giebelhaus 8.
Wer hier noch nicht genug hat, kann zwei Varianten in die Tour mit einbauen. Vom Giebelhaus aus geht es linker Hand in Richtung Bärgündele Alpe 9. Rechts ab geht es hinauf zur Alpe Engeratsgund 10 und über die Laufbichl Alpe 11 zur Alpe Plättele 12. Alle vier Alpen sind in den Sommermonaten bewirtschaftet.
Beide Varianten haben 3 Kilometer und etwa 200 zusätzliche Höhenmeter im Gepäck. Für Rennradfahrer sind sie nur bedingt geeignet. Zwar sind die Zufahrten zunächst noch durchgängig asphaltiert, allerdings erreicht man die Bärgündele Alpe nur über einen Schotterweg, während die Auffahrt zur Alpe Plättele sehr steil und ebenfalls gekiest ist.

17

Aussichtsreiche Stuibenrunde

Kurze, knackige Radtour im Tannheimer Tal. 360 Höhenmeter geht es hinauf in Richtung Ponten und Bschiesser, wo neben einer zünftigen Einkehr auch ein herrlicher Blick in die Tannheimer Bergwelt wartet.

1,5 Std. → 9,1 km ↑↓ 360 hm

Parkplatz bei Zöblen

Geschotterte Forstwege und asphaltierte Alpwege und Nebenstraßen

Stuiben Sennalpe

Durch den Wald geht es zunächst in Richtung Bergstation der Rohnenlifte

Am Parkplatz an der Einfahrt zur Ortsmitte von Zöblen geht es los. Zunächst fahren wir hinunter zur Vils. Nach deren Querung geht es links hinauf, wo die Schilder an der Bushaltestelle bereits auf die Biketour zur Stuiben Sennalpe hinweisen.
Über den Ortsteil Katzensteig führt die Radtour über die Wiesen unterhalb der Rohnenspitze. Ein zunächst noch asphaltierter Weg passiert rechter Hand die Mühlwaldtrails 1, bevor er in den Wald eintaucht. Nun schlängelt sich bald ein breiter, geschotterter Forstweg in zahlreichen Kehren durch den Wald nach oben. Es geht in Richtung Bergstation der Rohnenlifte. Die Liftanlagen der Rohnenlifte sind nur im Winter in Betrieb. Daher sind auf den Wegen, die parallel zu den Abfahrtspisten nach oben führen,

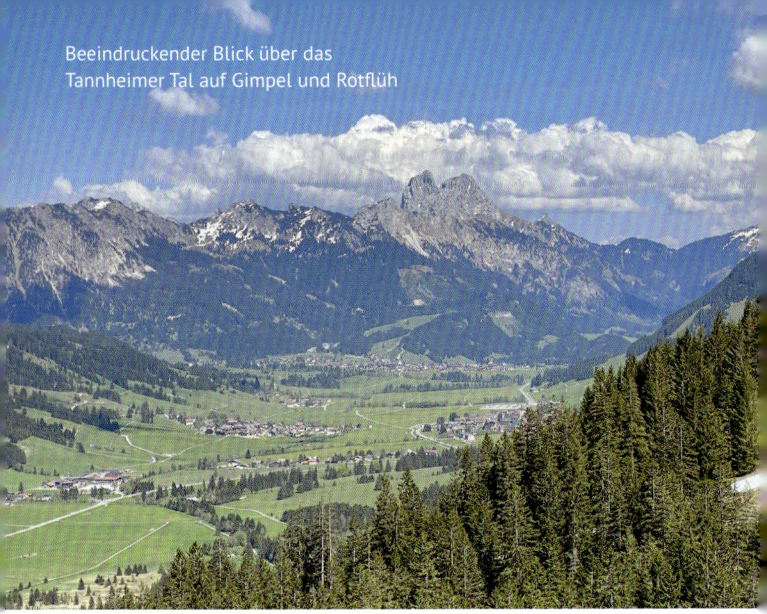
Beeindruckender Blick über das
Tannheimer Tal auf Gimpel und Rotflüh

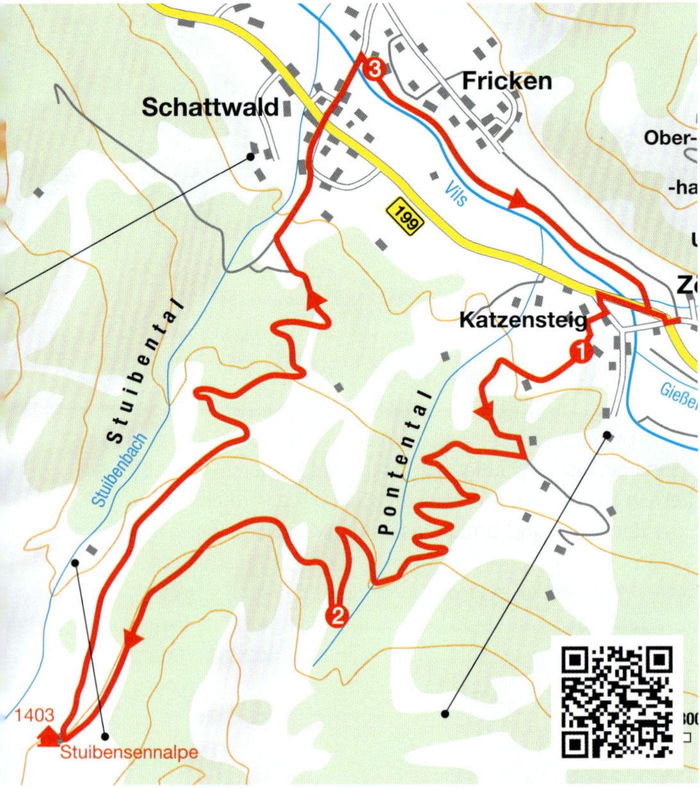
Schattwald
Fricken
Ober-
-ha
Vils
199
Katzensteig
Stuibental
Stuibenbach
Pontental
1403
Stuibensennalpe
3
1
2

Die feste, teils gekieste Abfahrt nach Schattwald.

deutlich weniger Wanderer unterwegs, wie im Vergleich zu den anderen Bergbahnen des Tals.

Tipp

In Österreich ist das Mountainbiken generell auf allen Forst- und Wanderwegen gesetzlich verboten. Ausgenommen sind dafür ausdrücklich freigegebene Mountainbike-Strecken. Die Einfahrten auf Forststraßen sind manchmal mit Fahrverbotstafeln und Zusatzinformationen wie »Radfahren verboten« versehen. Wanderwege weisen diese Verbotsschilder nicht auf, dennoch ist ein Befahren der Wege untersagt!

Nach gut 3 Kilometern gabelt sich der Weg ❷. Links geht es in Richtung Rohnenspitze und Pontental. Geradeaus führt der flacher werdende Forstweg weiter in Richtung der Stuiben Sennalpe. Der Weg steigt nun noch weiter über zwei große Kehren an. Kurz vor Erreichen der Sennalpe wird es flacher. Eine leichte Abfahrt bringt uns zur Einkehrmöglichkeit mit dem herrlichen Bergpanorama unterhalb von Ponten, Bschiesser und Wannenjoch. Auf der nun folgenden Abfahrt wird der Untergrund fester und daher leichter zu fahren. Dennoch sollte man den teils gekiesten Fahrweg aufgrund der Steilheit nicht unterschätzen.
Rasant geht es hinunter ins Tal nach Schattwald und dort auf die andere Seite der Vils ❸. Flussaufwärts ist bald schon der Ausgangspunkt der Tour erreicht.

18

2-Seen-Runde im Tannheimer Tal

Das Naturschutzgebiet Vilsalpsee ist für sich schon einen Ausflug wert. Durch die Kombination mit dem Höfersee erhält diese Mountainbiketour zusätzlich einen sportlichen Touch.

Der Vilsalpsee am frühen Morgen

2,5 Std. → 24,8 km ↑↓ 415 hm

Parkplatz bei Zöblen

Breite Schotterwege, asphaltierte Radwege und Nebenstraßen wechseln sich ab.

In den Talorten und am Vilsalpsee

Kurz vor Grän

In diese Radtour kann man an den verschiedenen Orten des Tannheimer Tals einsteigen. Beginnend mit Zöblen, warten mit dem Höfersee und den Mühlwaldtrails noch zwei Highlights zum Abschluss der Runde.
Vom Parkplatz in Zöblen, kurz vor der Ortsmitte, geht es zunächst ein paar Höhenmeter im Ort nach oben. Oberhalb der Talsohle führt ein breiter Wirtschaftsweg über freies Gelände in östlicher Richtung.
Es geht nach Kienzerle, wo links hinauf der erste steilere Anstieg der Tour wartet ①. Auch wenn die Anstiege im Verlauf der gesamten Tour nicht sonderlich lang sind, so müssen insgesamt dennoch gut 400 Höhenmeter bewältigt werden.
Der gut ausgebaute Höhenweg verläuft in leichtem Auf und Ab in Richtung Grän. Rechts ab folgt eine

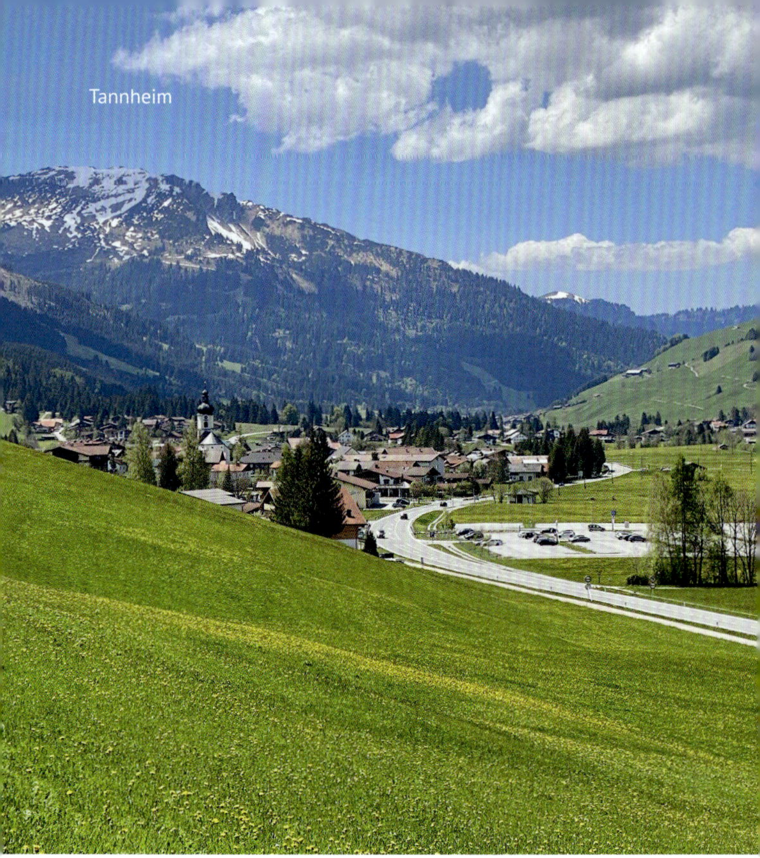
Tannheim

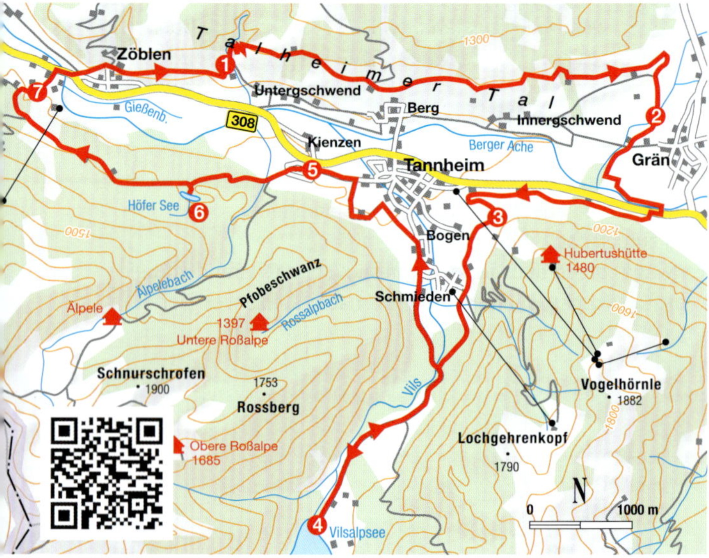
Zöblen
Tannheimer Tal
1300
Untergschwend
Berg
Innergschwend
Gießenb.
308
Kienzen
Berger Ache
Tannheim
Grän
Höfer See
1500
Bogen
1200
Hubertushütte
1480
Älpelebach
Pfobeschwanz
Schmieden
1600
Älpele
Rossalpbach
1397
Untere Roßalpe
Schnurschrofen
1900
1753
Rossberg
Vils
Vogelhörnle
1882
1800
Lochgehrenkopf
1790
Obere Roßalpe
1685
N
0
1000 m
Vilsalpsee

Abkühlung am Höfersee

kurze Abfahrt 2, bevor es parallel zum Logbach südwärts geht. Schließlich quert die Strecke die Berger Ache und wechselt von der nördlichen auf die südliche Talseite.
Rechter Hand folgt abermals ein Höhenweg. Der bringt uns, leicht ansteigend, oberhalb der Hauptstraße nach Tannheim. Ohne in den Ort einzufahren, führt nun ein Wanderweg ein kurzes Stück parallel zur Tannheimer Bergbahn nach oben 3. Dann geht es hinunter zur noch jungen Vils. Am Ende der Vilsalpseestraße, die tagsüber für den öffentlichen Verkehr gesperrt ist, wartet der wunderschön gelegene Vilsalpsee im gleichnamigen Naturschutzgebiet.
Nach einem Zwischenstopp am See, inklusive Einkehrmöglichkeit 4, geht es zunächst auf dem identischen Weg zurück nach Tannheim.
Entweder durch den Ort, oder am südlichen Ortsrand vorbei, führt die ausgeschilderte Route bis nach Kienzen 5. Der letzte große Anstieg zieht sich nun auf einem breiten Forstweg bis hinauf zum Höfersee. Der kleine Bergsee liegt ein paar Meter abseits der eigentlichen Strecke 6.

Tipp

Sowohl der Vilsalpsee wie auch der Höfersee, laden an heißen Sommertagen zu einem Sprung ins kühle Nass ein. Es lohnt sich also Badesachen einzupacken.

Einfahrt in die Mühlwaldtrails

Auf den Mühlwaldtrails

Ab dem Höfersee stehen nur noch ein paar wenige, einfache Höhenmeter auf dem Plan. Während die Auffahrt ab Kienzen durchweg im Wald verläuft, zieht sich der nun folgende Hangweg meist über freie Bergwiesen westwärts. Herrlicher Talblick inklusive! Dann wartet auf einem nach wie vor breiten Wander- und Wirtschaftsweg die Abfahrt nach Zöblen.
Wer etwas Trail-Charakter in die Tour einbauen möchte, entscheidet sich kurz vor dem Ziel in Zöblen für die Abfahrt über die Mühlwaldtrails 7. Nach dem Höfersee das zweite Highlight zum Ende der Tour. Die Einfahrt zu den Trails liegt direkt an der Strecke. Drei Routen unterschiedlichen Schwierigkeitsgrads führen durch den Mühlwald hinunter in Richtung Vils, von wo aus der Startpunkt der Tour nicht mehr weit ist.

19

Almtour hoch über dem Haldensee

Diese Genießertour bietet nicht nur einen herrlichen Ausblick über den Haldensee auf Gimpel und Rotflüh, sondern überzeugt auch mit drei leckeren Einkehrmöglichkeiten entlang der Strecke.

Toller Blick auf den Haldensee

2 Std. → 17,5 km ↑↓ 670 hm

 Parkplatz bei Nesselwängle

 Großteils breite, geschotterte Alm- und Wanderwege.

 Krinnenalpe, Nesselwänger Edenalpe und Gräner Ödenalpe

Blick von der Gräner Ödenalpe über die Nesselwängler Edenalpe zum Aggenstein

Gimpel und Rotflüh beherrschen das Bergpanorama im Tannheimer Tal. Zu deren Füßen liegt der Haldensee und ein stückweit entfernt Nesselwängle. Das Dorf ist Ausgangspunkt dieser Radtour.
Die steilsten Abschnitte warten gleich zu Beginn. Auf einem durchweg breiten Forstweg geht es in ein paar weiten Kehren 330 Höhenmeter bergauf bis zu einer Weggabelung ❶. Links ab führt der Weg zur Krinnenalpe. ❷ Rechts zu den beiden anderen Einkehrmöglichkeiten dieser Mountainbiketour. Bereits während der Auffahrt hat man einen herrlichen Blick hinunter zum Haldensee, der zum Abschluss dieser Radtour zu einem erfrischenden Bad einlädt ❸.
Die Krinnenalpe befindet sich sich ein paar Fahrminuten abseits der Strecke, die uns zu den beiden anderen

Die Nesselwängler Edenalpe

Alpen bringt. Der Abstecher zu diesem Aussichtsbalkon ist jedoch ein absolutes Muss. Nicht nur des Panoramas wegen. Nach einer ersten Stärkung geht es zurück zum genannten Abzweig und weitere 300 Höhenmeter auf dem Fahrweg nach oben. Deutlich flacher umfährt die Tour nun die Krinnenspitze

An der Krinnenalpe

auf deren nördlichen Seite. Es geht zu den Wiesenflächen rund um die Nesselwängler Edenalpe ❹. Nun warten die letzten 50 Höhenmeter bis zum höchsten Punkt der Tour. Eingebettet zwischen Litnisschrofen ❺ und Krinnenspitze, im Übergang zwischen Tannheimer Tal und Lechtal, wartet die Gräner Ödenalpe. Von hier sind auch die beiden über 2.000 Meter hohen Gipfel nur einen Katzensprung entfernt. Allerdings sind sie nur zu Fuß zu erreichen.

Leckere Einkehr auf der Krinnenalpe

Tipp Die Gräner Ödenalpe bietet auch Matratzenlager zur Übernachtung. Mit ein wenig Glück kann man um die Hütte Murmeltiere beobachten.

Der Rückweg ins Tal erfolgt auf dem identischen Weg.

20

TOP TIPP

Rund um das schönste Hochtal Europas

Diese Panoramatour führt einmal rund um das Tannheimer Tal und ist sowohl in der Länge der Strecke, wie auch in der Anzahl der Höhenmeter die anspruchsvollste Radtour in dieser Tourensammlung. Und mit Sicherheit ist sie eine der erlebnisreichsten.

Der Weg Richtung Krinnenalpe, hinten die markante Köllenspitze

6 Std. → 50,3 km ↑↓ 1.650 hm

Parkplatz am Wannenjochlift bei Schattwald

Nebenstraßen, breite Wanderwege, und geschotterte Forst- und Wirtschaftswege im Wechsel.

Krinnenalpe, Obere Stuibenalpe sowie in den Orten entlang der Strecke

Tannheim, hinten der Zugang zum Vilsalpsee

Auf den Touren 17 bis 19 erkunden Sie die Südseite des Tannheimer Tals. Sie sind auf einigen Kilometern auch Bestandteil dieser Panoramarunde durch das »schönste Hochtal Europas«. Auf der nun folgenden, gut 50 Kilometer langen Schleife bekommt aber auch der nördliche Teil des Tannheimer Tals seine Beachtung. Wie die Touren am Alpsee oder auf das Bildstöckle (Touren 2, 3 und 7), so ist auch diese Tour Bestandteil des Radprojekts »Naturbiken Allgäu/Tirol«.

Tipp

Das Zitat des »schönsten Hochtals Europas« geht auf den bayerischen Schriftsteller Ludwig Steub (1812-1888) zurück. In seinem 1846 veröffentlichten Buch »Drei Sommer in Tirol« bezeichnete er das Tannheimer Tal als solches.

Von Schattwald in Richtung Zöblen

Vom Parkplatz der Wannenjochbahn in Schattwald geht es zunächst nordwärts durch das Dorf im Eingang des Tals. Bald schon steigt die Strecke über freie Wiesenflächen in Richtung Kappler Berg ❶. Nach den ersten Höhenmetern führt der geschotterte Wirtschaftsweg am Hang entlang in das Gemeindegebiet von Zöblen, wo er weiter zu steigen beginnt.
Es geht in Richtung Lohmoos ❷. Ein wunderschönes Hochmoor unterhalb des prächtigen Einstein, einem seiner exponierten Lage wegen beliebten Aussichtsgipfel. Nun fällt der Schotterweg in einigen Kehren hinunter nach Tannheim Berg ❸ und von dort über

Über dem Haldensee

einen gut befestigten und asphaltierten Höhenweg weiter nach Grän.
In Grän angekommen biegen wir rechts auf die von Pfronten kommende Landesstraße ein und verlassen diese gegenüber des Almhotel Told ❹. Es folgt die zweite größere Auffahrt. Zunächst noch auf asphaltiertem Untergrund führt die Strecke unter der Bergbahn zum Füssener Jöchle hindurch. Der nun breite, geschotterte Wirtschaftsweg steigt noch einige Höhenmeter an, um dann oberhalb des Haldensees über den sogenannten Adlerhorst in Richtung Nesselwängle zu fallen. In ein paar Wellen geht es hinunter zur Talstraße.
Eine Unterführung bringt uns auf die gegenüberliegende Seite ❺. Links ab folgt auf den Schotterweg bald schon eine asphaltierte Verbindungsstraße hinauf zum Weiler Rauth. Dort angekommen fahren wir wieder auf schottrigem Untergrund ein Stück in Richtung des wildromantischen Birkentals. Rechter Hand zweigt der Weg zur Krinnenalpe ab ❻. Die Hälfte der Tour liegt nun hinter uns. Der Meraner Steig zieht sich zunächst noch auf einem breiten Forstweg, dann auf einem schmäler werdenden Wanderweg durch den Wald nach oben. Kurz vor der bewirtschafteten Alpe wird es flacher. Die Krinnenalpe liegt etwas oberhalb des Streckenverlaufs und bietet neben einer leckeren Einkehr auch einen herrlichen Blick auf die gegenüberliegenden Berggipfel ❼. Es folgt die Abfahrt bis auf den Talboden bei Nesselwängle wo es links ab auf den See-Rundweg zum Haldensee geht. Ohne allzu großen Höhenunterschied fahren wir über das Südufer des Sees zum Höhenweg in Richtung Tannheim ❽.

An der Krinnenalpe

Der Hauptort des Tals bietet weitere Einkehrmöglichkeiten, bevor am westlichen Ortsende bei Neu-Kienzen das letzte Drittel der Tour beginnt.
Zwei größere Anstiege stehen nun noch im Streckenprofil. Der erste führt über einen breiten Forstweg hinauf zum Höfersee ⑨. Hier schließt sich der Höhenweg in Richtung Zöblen an. Nach Querung der dortigen Skipisten weisen Schilder links hinauf in Richtung Rohnenspitze und ins Pontental ⑩. Diese beiden Wander- und Gipfelziele bleiben nach einer serpentinenreichen Auffahrt durch den Wald jedoch links liegen.
Der Wald unterhalb der Rohnenspitze, der seit Querung der Skipisten Schatten spendet, lichtet sich nach und nach. Zugleich nehmen auch die Steigungsprozente deutlich ab. Eine kurze Abfahrt bringt uns zur Stuiben Sennalpe ⑪, der letzten Einkehrmöglichkeit vor dem Ziel.
Nach dem Panoramagenuss im Talkessel zwischen Ponten und Wannenjoch wartet die finale Fahrt ins Tal. Auf einem gut befestigten, teils mit Kiesel bedeckten Fahrweg geht es hinunter nach Schattwald, wo diese beeindruckend schöne Radrunde endet.

Tipp

Am Parkplatz der Wannenjochbahn gibt es eine kleine Kneippanlage, die zur Erfrischung einlädt ⑫. Wer sich noch ein paar Kilometer zutraut, kann auch noch von Schattwald zum »Floschen« fahren und dort die Muskeln und Waden bei einem Bad im Moorweiher pflegen ⑬.

Wichtige Nummern, Signale und Tipps

NOTRUFNUMMER IN DEN ALLGÄUER ALPEN:

112 Notrufnummer

NOTRUF UND SMARTPHONE:

Wenn das Handy keinen Empfang hat: Handy ausschalten, dann wieder einschalten und statt des Pin-Codes die Ziffern **112** eingeben.

GPS: Die GPS-Koordinaten sind deutlich genauer als eine langwierige Ortung über den Mobilfunksender.

Hier können Apps wie »Standort« (Android), »einfach hier« (iOS), der integrierte Kompass (iOS) oder die SOS EU ALP Notfall App helfen, die die Koordinaten anzeigen, die Sie als Ersthelfer an die Leitstelle durchgeben.

SIGNALE – LICHTSIGNALE

Das alpine Notsignal – ideal bei Dunkelheit

6 x Taschenlampe ein und aus innerhalb einer Minute, d.h. anmachen bis 10 zählen, ausmachen und wieder bis 10 zählen, wieder anmachen usw. Dann machen Sie 1 Minute Pause. Anschließend geben Sie wieder 6 Signale in einer Minute ab. Die Antwort erfolgt, wenn Sie 3 x in der Minute das Lichtsignal sehen. Wenn Sie selbst ein Notsignal wahrnehmen, bestätigen Sie dieses und rufen Sie sofort die 112 an.

Signal und Antwort

	1. Minute	2. Minute	3. Minute	4. Minute	usw.
Notsignal	••••••	Pause	••••••	Pause	usw.
Antwort/ Bestätigung	•••	Pause	•••	Pause	usw.

»Schutzgebiete« achten

Wenn Sie das Schild »Schutzgebiet« sehen, bleiben Sie bitte auf den Wegen, halten Sie Ihre Hunde an der Leine und keine Pflanzen pflücken! Die Alpen faszinieren. Als Natur- und Kulturlandschaften stehen sie für einen einzigartigen Lebens- und Erholungsraum. Im Naturschutzgebiet sollen Tiere UND Pflanzen geschützt werden.

NÜTZLICHE WANDERNUMMERN

Alpenvereinswetterbericht **Tel. 089/295070**
Wetterprognose in der App **www.meteoblue.com**

Impressum

Herausgeber & Verlag:
AVA-Agrar Verlag Allgäu GmbH
Porschestraße 2 • 87437 Kempten/Allgäu
Telefon: (08 31) 5 71 42-13 • vertrieb@ava-verlag.de
www.ava-verlag.de

Gesellschafter:
A. Kiechle, H. Kühnle, S. Kühnle-Weber,
A. Weixler, Landwirtschaftsverlag Münster

Geschäftsführer:
Dr. Harald Ströhlein

Redaktion & Layout:
Nadja Esterl, Johanna Strodl, Lisa Bayrhof

Touren, Fotos & Umsetzung:
Björn Ahrndt

Titelbild: oben: ARochau/stock.adobe.com,
rechts unten: Saskia Kiefert,
links unten: ARochau/stock.adobe.com

ISBN: 978-3-98516-052-5

Panoramakarte:
© Zumsteinkarte, AVA-Verlag Allgäu

Druck: Holzer Druck und Medien GmbH + Co . KG
Weiler im Allgäu
www.druckerei-holzer.de

Bildverweise
Piktogramme und Illustrationen: stas111/stock.adobe.com

uvex
PAT. NO.
BIONIC
EP3370555B1
Roeckl

Tourenüberblick

● Naturbiken ● Rennrad